播撒火种的人，总是带着欣慰的微笑，看着每一个经过他的人，因为他知道，由他传播的真理火种，早已在全中国熊熊燃烧！

·党员成长书架·

火种传承：
百年山西红色记忆

朱伊文 ZHU YIWEN / 著

山西出版传媒集团
山西经济出版社

引子：真理的味道非常甜

1848年2月21日，30岁的马克思和28岁的恩格斯为共产主义者同盟起草的纲领——23页的《共产党宣言》在英国伦敦第一次以德文单行本问世；2月24日正式出版，标志着伟大的马克思主义正式诞生。72年后，在中国，第一本中译本《共产党宣言》在黑暗中出现，带来了光明的未来。在它的翻译者陈望道先生眼中，翻译的过程虽然辛苦，但心中是甜的；在千千万万的共产党员心中，奋斗的过程虽然辛苦，但心中也是甜的；这或许是因为，他们共同信奉的这个真理，是甜的。

晚秋的复旦大学校园里，有一年中最美的风景。大片的绿色草坪才刚刚有了浅浅的黄，梧桐林道上落叶铺了一层，踩上去沙沙作响。花儿依然在微风中摇曳着，五角枫叶深红伴着浅红，热闹地、喧腾地，像是在对着蓝天白云不知疲倦地跳一支探戈。一场雨后，空气里满满都是桂子的甜，池塘里的鱼儿常常在这时候悠闲地游到岸边，等待着精神抖擞的学子经过，给它们投下食物，再脚步匆匆地赶往教室汲取精神食粮。一切都是欣欣向荣的模样，一切都是恬静安然的美好。

可是，1952年11月的同一时节，当复旦大学刚刚进行完院系大调整之后，来出任校长的陈望道先生看到的，却是一个与现在完全无法相比、百废待兴的复旦。但他并不气馁，马上投入诸多院校合并之后整顿院系、聘请教授、安顿学生、修缮校舍等一系列繁忙的工作之中。他的目光深邃平静，步履始终坚定，仿佛早已预见到今后的美好总会实现。这是他作为一个渊博学者的远见，也是他作为一校之长的胸怀，而最重要、最深层的原因，是他感受过真理，触摸过真理，始终相信真理巨大的力量，相信真理一定会带来光明的未来！

这个真理，就是由他翻译的中文第一版《共产党宣言》。2012年11月29日，中共中央总书记、中央军委主席习近平和中央政治局常委李克强、张德江、俞正声、刘云山、王岐山、张高丽等来到中国国家博物馆，参观了《复兴之路》展览。当习近平总书记看到陈列柜中的《共产党宣言》时，讲了一个故事，并把它命名为"真理的味道非常甜"。这个故事的主人公，就是陈望道先生。

1848年2月21日，30岁的马克思和28岁的恩格斯为共产主义者同盟起草的纲领——23页的《共产党宣言》在英国伦敦第一次以德文单行本问世；2月24日正式出版，标志着伟大的马克思主义正

引子：真理的味道非常甜

中国最早的中文译本《共产党宣言》

式诞生！43年后，陈望道出生在浙江义乌分水塘村。20世纪初，《共产党宣言》的一些观点通过《万国公报》《民报》《每周评论》《国民》等进步期刊先后传入中国，对当时的知识分子产生了一定的影响。1919年，五四运动爆发，28岁的陈望道结束了在日本的学业回国，受聘在浙江第一师范学校当国文教师，并主持办起了《浙江新潮》杂志。这是受俄国十月革命影响、浙江最早宣传社会主义的刊物。第二期上，《浙江新潮》刊登了学生施存统题为《非孝》的文章，文中提出的"一味尽孝是不合理的，要以父母子女间的平等的爱代替不平等的孝"观点引起轩然大波。浙江省教育厅责令一师校长经亨颐开除施存统，又以"非孝""废孔"等罪名撤职查办陈望道等4位语文教员。经亨颐坚决抵制，没想到教育厅趁着寒假直接免去了他的校长职务。学生闻讯后，纷纷赶回学校阻拦。浙江省公署派出军警想解散学校，直接引发了杭州其他学校学生的联合抵制，最终酿成了轰动全国的"一师风潮"。虽然在舆论的支持下，当局被迫妥协，但失望之余，陈望道最终还是离开了一师。

经过此次斗争，陈望道清醒地认识到，"所谓除旧布新，并不是不推自倒、不招自来的轻而易举的事情"，必须要进行根本性的社会变革，必须要寻找新的思想武器。实际上，不仅仅是陈望道先生，五四运动之后，中国的一批先进知识分子已经认识到，要尽快将马克思主义文献翻译出来，让全中国的有志之士读到真正的经典，确立马克思主义信仰。李大钊就曾指出，"不过我总觉得布尔扎维主义的流行，实在是世界文化上的一大变动。我们应该研究它、介绍它，把它的实象昭布在人类社会……"。在这种思潮的影响下，在进步意识的指引下，当时的《星期评论》周刊主编戴季陶决心全文翻译《共产党宣言》。他原本打算自己上手，但后来发现，译者必须兼备深厚的中文、英文、日文语言和一定的马克思主义理论基础，自己难以胜任，于是就与上海民国日报社经理邵力子商量，请邵力子寻找一个合适的人选。邵力子思忖良久，最终推荐了精通日语和英语的同乡陈望道来担此任务。已经意识到思想武器重要性的陈望道立刻慨然应允，于1919年底带着一本日文版和一本英文版《共产党宣言》回到家乡，在家门外的柴房里开始了孤独而艰难的翻译过程。

引子：真理的味道非常甜

南方的冬天，潮湿而阴冷，柴房里更是四面透风，冷风一阵阵扑上来，像要钻进人的骨缝里。陈望道为了专心工作，不顾家人劝阻，坚持把书桌搬了过来，点着一盏煤油灯，穿着一个大棉袍，冷了就站起身来走一会儿，饿了就啃几口冷馒头，手指冻得僵硬发麻了就哈几口气搓热。就这样日日在日文、英文和中文之间，找寻着真理最耀眼的光芒。母亲心疼儿子，有一天特意端了一盘热粽子、一碟红糖来给陈望道，让他趁热吃了补补身子。陈望道高兴地接过粽子，放下手里的毛笔，开始大口吃起来。过了一阵，母亲过来收盘子，在门口问儿子：粽子蘸着糖甜不甜？陈望道大声回答：甜，甜，特别好吃！母亲欣慰地走到书桌前，慈爱地看着儿子，可她忽然发现，陈望道的嘴边，沾满了墨汁！而原本用来蘸粽子吃的红糖，整整齐齐地一口也没动！母亲瞬间明白，陈望道虽然放下了毛笔吃粽子，可他太投入了，依然在专心地思考，结果蘸的时候把墨汁当成了红糖，随手送进了嘴里！母亲好气又好笑，问儿子知不知道发生了什么事，陈望道一脸茫然，完全不知道自己已经吃了一嘴墨汁！

在他完全忘我的工作和努力下，经过1919年冬至1920年春几个月的时间，到门外春风送暖、花开成海的时节，陈望道终于圆满完成了任务，他自己对共产主义的认知也在这个过程中得到了巨大的升华。1920年5月，陈望道拿着译稿回到上海，经陈独秀和李汉俊校阅后，大家一致认为，这本《共产党宣言》准确地反映了马克思主义的基本原理和核心要义，是本非常成功的译著。原本大家打算立即在《星期评论》连载，但《星期评论》恰好在此时被当局逼迫停刊，所以此书最终以上海社会主义研究社的名义、作为社会主义研究小丛书第一种，在 8 月份正式出版。这是我国第一次公开正式出版的《共产党宣言》，书为红色封面，印着一张马克思半身坐像的照片，封面有几行小字：社会主义研究小丛书第一种，共党产宣言，马格斯、安格尔斯合著，陈望道译（由于排版失误，第一版把书名《共产党宣言》错印成了《共党产宣言》）。

这本首印 1000 册的书一经面世很快售罄，后来一再重印，广为流传，在宣传马克思主义方面起到了先驱性的重大作用，也为中国共产党的诞生提供了思想上的准备。《共产党宣言》出版后，鲁迅先生翻阅了一遍后感慨："现在大家都在议论什么'过激主义'来了，但就没有人切切实实地把这个'主义'真正介绍到国内来，其实这倒是当前最紧要的工作。望道在杭州大闹了一阵之后，这次埋头苦干，把这本书译出来，对中国做了一件好事。"不久，第二次到北京、在北京大学图书馆工作的青年毛泽东，从罗章龙那里借到了油印本《共产党宣言》，这是毛泽东第一次读这本书，从此时起到 1976 年，到生命的最后岁月，毛泽东始终将《共产党宣言》带在身边，手不释卷，成为他受益一生的著作；周恩来总理在 1949 年召开的全国第一次文代会上，当着全体代表的面对陈望道说："陈望道先生，我们都是您教育出来的。"1975 年 1 月，周恩来总理又告诉陈望道，从长征开始，他就把《共产党宣言》当作自己的贴心伙伴；朱德元帅也曾回忆，在柏林支部，他研究和讨论了译成中文的马克思主义文献《共产党宣言》以及其他共产主义的入门书，从此走向了新的革命历程；1992 年，邓小平同志在南方谈话中也提道："我的入门老师是《共产党宣言》和《共产主义 ABC》……马克思主义

引子：真理的味道非常甜

是打不倒的，马克思主义的真理颠扑不破。"

在等待《共产党宣言》出版的过程中，陈望道到了复旦大学工作。这一期间，他与陈独秀、李汉俊、李达等人，以在法租界环龙路老渔阳里2号的《新青年》杂志为中心，经常聚集起来讨论社会主义和中国社会改造等问题，大家越来越觉得有组织中国共产党的必要。1920年8月，有十余人参加的上海共产党早期组织在《新青年》编辑部，也是陈独秀寓所正式成立。"两陈两李"（陈独秀、陈望道、李达、李汉俊）是核心人物，陈独秀担任书记，陈望道担任劳工部部长。这是中国共产党第一个地方早期组织，也成为中国共产党建党的发起小组。

同年8月22日，上海社会主义青年团正式成立，俞秀松担任书记，陈望道是负责人之一。随后，党组织和青年团筹备成立了上海外国语学社。青年团在外国语学社发展了包括任弼时、罗亦农、萧劲光、刘少奇等人在内的许多团员，大家人手一本《共产党宣言》，由陈望道对他们进行授课。多年以后，在这里受到《共产党宣言》教育的很多团员都成为中国共产党领导革命的中坚力量。刘少奇曾回忆："那时，我把《共产党宣言》看了又看，看了好几遍，从这本书中了解共产党是干什么的，是怎样的一个党，自己是否准备献身于这个党所从事的事业，经过一段时间的深思熟虑，最后决定参加共产党，准备献身于党的事业。"

除了这些工作之外，陈望道还建起了上海机器工会、印刷工会，以及纺织、邮电工会等中国第一批在马克思主义指导下成立的工人组织，日常还到沪西小沙渡路一带进行演说，向工人们宣传"劳工神圣、劳工联合"的思想，并在《劳动界》《觉悟》等刊物发表工人运动的文章，不断推动着马克思主义同工人运动相结合。

在所有人的共同努力下，1921年7月，中国共产党第一次全国代表大会在上海召开，中国共产党正式成立！同年11月，中国共产党中央局发表通告，要求上海、广东等地建立区执行委员会。上海成立了中共上海地方委员会，陈望道担任第一任书记，开始了更多对真理的普及推广和实践，马克思主义理论从此在人民群众中广泛传播开来。

1922年1月，借着过年之际，上海地方党组织发动100余名党员、团员和50多名工人，在大街小巷挨家挨户发放了6万张正面印着"恭贺新年"四个大字、背面印着陈望道撰写的《太平歌》的贺年帖。《太平歌》歌词虽短，却几乎概括了一部《共产党宣言》的全部内容："天下要太平，劳工须团结。万恶财主铜钱多，都是劳工汗和血。谁也晓得：为富不仁是盗贼。谁也晓得：推翻财主天下悦。谁也晓得：不做工的不该吃。有工大家做，有饭大家吃，这才是共产社会太平国。"这一行行铿锵有力的字句，让广大劳动人民受到了一次共产主义的理想教育，如同黑夜里的星斗、荒野里的火种，为全中国带来了一片光明。

2020年6月30日，习近平总书记在给复旦大学《共产党宣言》展示馆"星火"党员志愿服务队的回信中指出："《共产党宣言》为引导大批有志之士树立共产主义远大理想、投身民族解放振兴事业发挥了重要作用。"这是对《共产党宣言》巨大作用的总结，也是对陈望道先生卓越功勋的肯定。如今，巍然矗立在复旦大学草坪上的

引子:真理的味道非常甜

陈望道先生的铜像前,鲜花常开,碧草如茵,来来往往的人们都会投以尊敬的目光。陈先生仿佛总是带着欣慰的微笑,看着每一个经过他的人,因为他知道,由他传播的真理火种,早已在全中国熊熊燃烧!

目 录
Contents

第一章
点燃火种

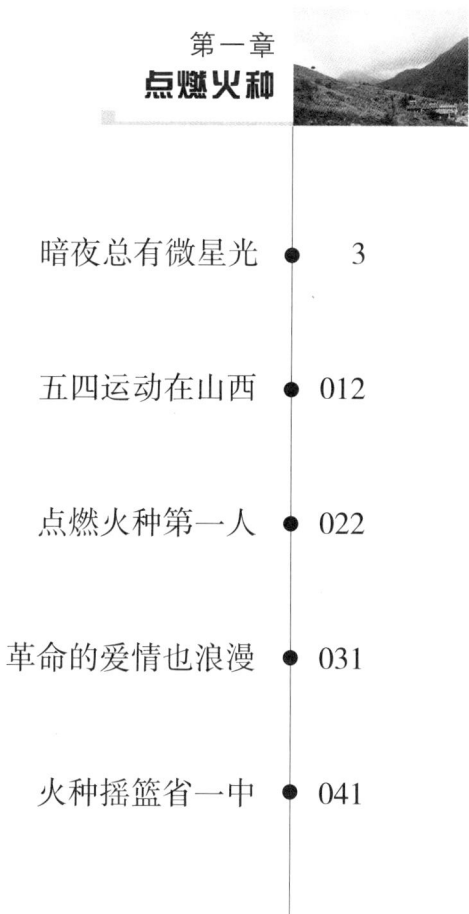

暗夜总有微星光	3
五四运动在山西	012
点燃火种第一人	022
革命的爱情也浪漫	031
火种摇篮省一中	041

第二章
壮大火种

- 最小的中央委员 — 053
- 革命的先锋斗士 — 063
- 七进监牢不改初心 — 073
- 必须结合工人运动 — 082
- 用教育播撒火种 — 90

第三章 保护火种

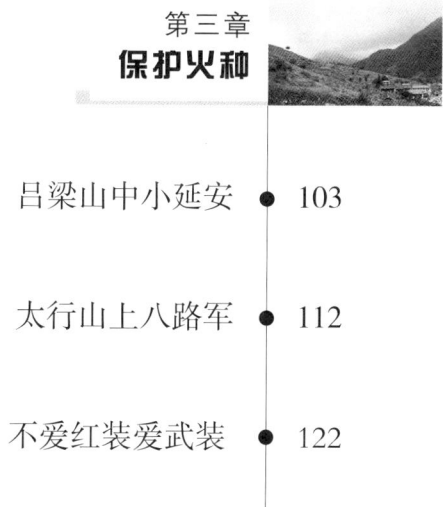

吕梁山中小延安　103

太行山上八路军　112

不爱红装爱武装　122

第四章 弘扬火种

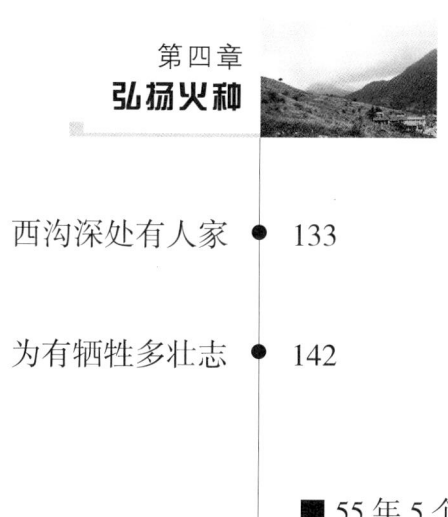

西沟深处有人家　133

为有牺牲多壮志　142

■ 55年5个人的守护　151

第一章
点燃火种

家园已沦陷,人民在挣扎,山河需重整,热血在流淌!在积贫积弱的旧中国,先进的共产党人,为这片满目疮痍的大地,点燃了重生的希望,点燃了革命的火种!

暗夜总有微星光

第二次鸦片战争以后,山西进入了近代历史中最黑暗的时期。但暗夜总有微星光,帝国主义的侵略和封建王朝的压迫与剥削,迫使山西人民进行了一系列不屈不挠的反抗斗争。可惜的是,无论是农民起义还是辛亥革命,都没能让山西人民实现真正的解放,越来越多的人意识到:资产阶级民主革命的理论和方案已成为军阀政客争权夺利的幌子,农民起义救不了中国,资产阶级也不是中国革命的领导力量,要打倒帝国主义和封建主义,必须寻求新的革命理论和新的革命途径。

河汾之间，太行以西，飘扬着一面鲜艳的旗帜，它的名字叫山西！滚滚黄河穿流而过，巍巍青山耸立四野。这不朽的文化基因，这伟大的精神图腾，已深深融入山西人民的精神血脉。千百年来，风骨山西，以浩浩之风，伫立在中国版图上；堂堂晋人，以铮铮铁骨，挺立在中华大地上！这片崇尚艰苦奋斗、无私奉献、不畏牺牲的热土，从来就不缺敢于同各种黑暗势力斗争的英雄豪杰！

第二次鸦片战争以后，随着一系列不平等条约的签订，西方资本主义势力的触角逐渐伸入山西，山西从此进入了近代历史中最黑暗的时期。罂粟种植泛滥，大量农田被挤占，烟毒之害严重破坏了农村的生产力，而教会势力大肆夺占民田、外国商品充斥市场，山西人数百年以来的生活方式开始有了改变。时人谓之"晋俗素称俭朴，然十室之邑，八口之家，无一人之身无洋货者"。自给自足的自然经济开始解体，农业生产结构、经营方式以及传统的租佃关系都不同程度地发生了变化。1892年，山西布政使胡聘之在东南各地近代工业兴起的推动下，动用资金两万元设立火柴局于太原城内三桥街，开创了山西近代工业。1902年，官办的太原火柴局由于经营不善，被票号富商渠本翘以白银5000两收购，改为私营的双福火柴公司，成为山西民族资本主义工业的先声。

帝国主义的侵略和封建王朝的压迫与剥削，迫使人民进行了一系列不屈不挠的反抗斗争。1835年，山西赵城农民曹顺以先天教名义组织农民起义，占领赵城；1853年，太平天国北伐军林凤祥、李开芳部经河南入山西，取垣曲，破平阳，进入直隶，攻向京津；1868年，西捻军在张宗禹的率领下自陕西宜川渡黄河入晋，经临汾、垣曲东下河南，攻城略地，突破清军的封锁与围剿，得到沿途群众的热烈拥护；1900年义和团兴起后，山西各地迅速响应，贫苦农民、手工业者、游民无产者和少数清军下层士官、贫寒知识分子，以大刀长矛为武器，进攻教堂，惩处不法教士，波及全省11州、6厅、40余县；1905年日俄战争后，山西商民发起了保矿运动，反对清政府与英商勾结出卖主权，要求严惩卖国贼，经过3年斗争，终于在1908年以275万两白银将英商在阳泉等地的煤矿收归山西保晋矿务公司。这是近代史上中国人民为保护本国资源、维护民族主权的爱国运动最为辉煌的一页。

辛亥革命前，农民起义在猗氏（今临猗）、代县、文水、交城和浮山等地此起彼伏。这些起义动摇了清政府的统治，唤起了山西人民光荣的革命传统、坚强的革命气节和上下求索的秉性。1911年10月10日，辛亥革命以武昌起义爆发为起点，全国各省也纷纷宣布独立。仅仅19天后，太原也相应爆发起义并取得了胜利。10月29日，山西新军在同盟会的领导下发动起义，攻进巡抚衙门，杀死巡抚陆钟琦和协统谭振德，阎锡山被推举为军政府都督，温寿泉被选为副都督。随即组成军政府，年号仿武昌用黄帝纪年为四千六百零九年。

辛亥革命是完全意义上的近代民族民主革命，标志着统治中国260多年的清王朝的结束，也标志着两千年的君主专制制度的结束。这次革命虽然没有改变中国自鸦片战争以来所形成的半殖民地半封建的社会形态，但在山西的思想、政治领域里引起了深刻的变化，激励了一大批先进的知识分子行动起来，资产阶级民主思想在三晋大地逐步传播开来，"民权"思想开始萌发。越来越多的人认识到，

火种传承：百年山西红色记忆

日伪统治时期的山西省公署

只有把帝国主义和封建主义同时打倒，中华民族才有出路。而要打倒帝国主义和封建主义，必须寻求新的革命理论和新的革命途径。所以，辛亥革命又为山西人民后来响应轰动中外的五四运动，创造了条件。

位于太原市文瀛公园北端的太原市重点文物保护单位"孙中山纪念馆"，原为清光绪三十一年（1905年）创建的劝工陈列所，亦名劝业楼。1912年9月18日，孙中山先生到太原视察，19日、20日短短两天，孙中山先生先后向太原各界群众发表了《在太原各界欢迎会的演说》《在太原商学界宴会上的演说》《在山西同盟会欢迎会的演说》《在山西军界欢迎会的演说》《在山西实业界、学界及各党派欢迎会的演说》5篇演说，在劝业楼就发表了其中的3篇，高度评价了辛亥革命时的山西武装起义:"去岁武昌起义,不半载竟告成功,此实山西之力,阎君百川之功……何也?广东为革命之初省份,然屡次失败。满清政府防卫甚严,不能稍有施展,其他可想而知。使非山西起义,断绝南北交通,天下事未可知也。"他还阐明了 6 个问题:一是山西在辛亥革命中起了切断清军南下的重要作用。二是推翻帝制以后主要的目标是民生主义,即发展经济,改善人民生活。三是发展经济,增强国力,外交才有后盾,否则"弱国无外交"。四是军队是国家的支柱、国防的依托,有好的军事思想才能以少胜多。五是警惕资本主义膨胀、资本专制出现。六是山西发展钢铁、军火工业得天独厚。

这 5 篇演说和 6 个问题,在全国产生了极大的影响,可惜的是,孙中山先生对山西革命的殷切希望,并没有实现。第一次世界大战期间,山西民族资本主义又有新的发展,煤炭、冶金、纺织、五金机械、面粉、造纸、印刷、火柴、发电、酿造等行业迅速兴起,形成了初具规模的工业体系。然而,这一时期扩张得最快、规模最大的还是阎锡山以军事工业为主体的官僚资本。到 1923 年,阎锡山经营的军火工厂有 16 个,其规模之大、产品种类之全、生产数量之多,在华北首屈一指,在全国也引人瞩目。为了尽快发展官僚资本,阎锡山除加强山西银行的建设外,在"发展人民公营事业"的旗号下,还成立了绥西垦业银号、晋北盐业银号、晋绥地方铁路银号和实物十足准备库,发行货币、控制金融。同时又成立西北实业公司,垄断全省工矿业,使山西一度有所发展的民族资本主义工业渐趋萎缩。到 1935 年,太原的官僚资本企业仅占太原企业总数的 6%,而它所拥有的现代工业固定资产却占 75.9%,山西的经济基本上被阎锡山的官僚资本所控制。

　　此时，独揽军事、政治、经济大权的阎锡山，大肆排除异己，削弱革命势力。清末山西临汾浮山县北王村人陈彩彰，在担任城守营马队什长时就目睹了种种社会不公，一心向往革命。早年间，他曾支持农民反抗县衙加收煤税斗争取得胜利，深受广大民众爱戴。革命军胜利的消息传到浮山时，陈彩彰率领巡警营士兵，占据了县衙和巡警营，将知县王锦昌、知县亲信齐占元、警佐高锡恩3人驱逐出境，在城门楼上竖起了一面"灭清复汉"的大红旗，并于当天召开了各界起义人士会议，宣布成立浮山县临时政府，向全县宣布：豁免旧欠钱粮，释放在押囚犯，禁止吸食鸦片。一时间，城乡民众扬眉吐气，欢欣鼓舞。但是，阎锡山派张雍担任浮山知事以后，很快就恢复了清政府原有的全部田赋、税捐项目，并且收受贿赂，制造冤狱。人们气愤地说："清朝改民国，换汤不换药。百姓地狱苦，官绅天堂乐。"就连国民革命军司令李岐山也遭到阎锡山诬告、被袁世凯拘捕。看到官绅依然横行霸道的情况，1912年夏，陈彩彰再一次以"除暴安良，劫富济贫"为宗旨，组织洪汉军，发动了武装起义，并向群众宣传"安天下""保善良"的政治主张。可是，在阎锡山的屠刀下，陈彩彰的革命队伍很快被镇压。镇压陈彩彰之后，阎锡山打着革命旗号，继续倒行逆施，拥戴袁世凯称帝，拜段祺瑞为师，反对护法运动，推行独裁统治，他所代表的还是少数地主和买办的利益。在农村村长选举中，阎锡山甚至规定：拥有1000元银币以上的不动产才有被选举资格。严密的行政网络，繁苛的政令税收，使得山西农民怨声载道："头上顶着九层天，千查万问永没完。"这一切都促使着山西人民觉醒起来，继续在求索的道路上前行。

第一章 点燃火种

1949年4月24日，我突击部队冲进太原绥靖公署

当时的山西，在经济上、文化上，正以势不可当的速度，形成破冰之势。经过百日维新、辛亥革命和第一次世界大战，山西的近代工业几乎扩展到民用工业和军事工业的各个部门。全省的工人由最初的几十人，增长到20世纪20年代初的两万人，加上手工业工人和商店雇员，全省的雇佣劳动者有近十万人，占全省总人口的1%。山西的工人阶级特别是兵工厂的工人要遭受反动当局、资本家和封建把头的三重压榨。据统计，1917年，山西男工每日的工资最多的为0.23元，最少的仅有0.12元；女工最少的只有0.08元。太原印刷业的学徒工工作时间长达16个小时。太原军人工艺实习厂的工人没有人身自由，厂方规定不许两名以上的工人在厂区并肩走路；

还制订了打军棍、罚跪、戴纸帽游厂等处罚工人的办法。山西的矿山工人一入矿便被强行订立卖身契约，成为任凭驱使的廉价劳动工具。新兴工人阶级在政治上、经济上的艰难处境，锤炼着他们坚韧的革命意志。他们人数虽然不多，却是先进生产力的代表，是先进的物质文明和精神文明的创造者，是山西未来命运的主导力量。

与此同时，山西近代文化教育事业的发展，培育了一个新型的知识分子群体。为了维护与巩固封建王朝的中央集权统治，1901年，清政府开始实行"新政"，山西地方政治、经济、军事、文化、教育等各方面随之发生变化。1902年，山西开始编练"新军"，同年山西大学堂开学，开山西教育的新纪元。1904年，山西派遣了第一批官费留日学生，共50多人。之后，山西的留日学生逐渐增多，他们当中的许多人接受了资产阶级民主主义思想，参加了孙中山领导的资产阶级民主革命运动。1905年8月，孙中山创立中国同盟会，同盟会山西分会随即在山西留日学生中成立。到清朝灭亡前，山西创办的新式学堂有山西武备学堂、山西师范学堂和太原女子速成师范学堂等8所，在各地都建有中学堂和小学堂以及教会学校，著名的有省立第一中学、太谷铭贤学校等。进入民国之后，山西各级各类的新式学校取得了进一步发展。截至1919年，共有中学22所，其中省立9所；共有师范学校11所，其中女子师范学校4所；主要高等综合学校和专科学校有山西大学堂、山西省立国民师范学校、山西公立法政专门学校、山西公立农业专门学校、山西公立商业专门学校、山西公立工业专门学校。各类学校教师有24437人；在校学生人数合计324041人，其中高等学校1035人，中学6118人，小学316888人。山西新教育的发展在当时国内具有重要地位，据1916年统计,全省每1万国民中有小学生290人,居全国各省首位,客观上造就了一个以学生和教师、医士、记者、律师为主力的新型知识分子群体。

这个先进的知识分子群体从工人阶级的悲惨命运和阎锡山的独断专行中很快得出结论:资产阶级民主革命的理论和方案已成为军阀政客争权夺利的幌子。农民起义救不了中国,资产阶级也不是中国革命的领导力量。路漫漫其修远兮,旧的道路走不通了,必须寻找新的出路。微小的火种开始在黑暗的统治下萌芽,种种革命力量正在汇集起来,形成暗夜里的星光,照亮了通往未来的道路。

五四运动在山西

1919年5月4日，五四运动在北京爆发后，很快蔓延到山西，太原、晋西北、晋北、晋南等地的学生和其他先进分子纷纷组织起来，举行游行示威活动，声援北京的斗争。五四运动是中国革命史也是山西革命史上具有划时代意义的事件，为马克思主义在山西的传播开辟了道路。五四运动启发了群众的觉悟，团结和积蓄了革命力量，直接促使了中国共产党的诞生和发展，它还打通了山西与京、津、沪地区革命运动的直接联系，从此，山西的进步青年直接接受了中国马克思主义思想运动启蒙导师李大钊的指导，诸多最新的理论和经验、来自最前方的革命火种，开始从娘子关外络绎不绝地传递进来。

第一章　点燃火种

位于山西省太原市柳巷中心地带的文瀛湖，一年四季都有极好的风景。春夏时节，清风徐来波光粼粼；秋冬之季，一潭寒雪平滑如镜。这片美丽的湖泊相传是由晋文公的夫人、秦穆公的女儿文嬴留下的一滴眼泪演化而成。也许就是这特殊的来源，决定了它自诞生之日起，就见证着湖边一幕幕的治乱兴替、悲欢离合。

1919年5月4日，北京大学等学校的学生3000余人，为了反对巴黎和会的无理决定，声讨北洋政府的卖国罪行，冲破教育部代表和军警的阻挠，陆续汇集到天安门前示威，高呼"废除'二十一条'""还我青岛""外争主权，内除国贼"等口号，强烈要求惩办曹汝霖、章宗祥、陆宗舆3个亲日派卖国贼。当局派军警镇压，逮捕学生30多人，随后，全国各地的学生、工人、市民纷纷声援北京学生，掀起了群众性的爱国运动。这就是近代史上旧民主主义革命和新民主主义革命的分水岭、一次彻底的反对帝国主义和封建主义的运动——五四运动。

集会游行的消息很快传到太原，山西大学、山西省立第一中学校、山西省立第一师范、山西公立农业专门学校、山西公立法政专门学校、山西公立商业专门学校、明原中学、阳兴中学等10余所大中学校的4000余名学子，迅速成立了"山西省中等以上学校学生联合会"，总会设在山西大学校内，会长是山西大学学生贾超孟。大会决定响应北京的斗争，在5月7日国耻纪念日（袁世凯与日本签订卖国的"二十一条"之日）这一天，举行游行示威活动。当时，各校都在5月6日接到了省教育厅转来的北洋政府教育部的命令，不准学生在国耻纪念日"聚集滋事"，并在太原全城各主要街道派军警

戒备。然而，1919年5月7日上午，就在文瀛湖畔，太原各校学生3000余人依然冲破了重重封锁，举行了声援五四运动的集会。集会由贾超孟主持，各校学生会代表和进步学者李墨卿、马鹤天等先后发表慷慨激昂的演说，各校代表也都纷纷发言，揭露日本帝国主义和北洋政府的罪行。会议通过了三项决议：第一，向省长及省议会请愿；第二，集体游行示威；第三，呼喊"废除'二十一条'"等口号。会后，学联举行示威游行，沿途高呼"打倒日本帝国主义""外争国权，内惩国贼"等口号，并散发传单，要求北洋军阀政府释放被捕学生、废除"二十一条"、收回山东主权、拒绝在《巴黎和

位于太原市侯家巷的山西大学堂

约》上签字。5月10日,山西大学又联合其他学校致电北洋政府,山西教育会也致电北洋政府,均要求参加巴黎和会的代表誓死力争,以维国命。熊熊的火焰之中,斗争很快从文瀛湖畔蔓延开来,波及全省其他地区。

在晋西,当五四反帝爱国运动蔓延到吕梁山区时,当时晋西经济和文化的中心汾阳,几所中等学校里的近千名青年学生立刻响应省学联的号召,成立了汾阳学生联合会,率先掀起北京学生的反帝爱国斗争。汾阳学联发布罢课宣言,指出"汾阳虽非通都大邑,但也不是世外桃源",号召青年学生进行罢课,开展反对签订卖国条约的斗争。县城中、小学生积极响应学联号召一致罢课，走上街头集会游行，谴责北洋政府的卖国行径、声讨帝国主义的侵略罪行。青年学生的爱国行动得到县城各界爱国群众的支援，推动了吕梁山区其他各县反帝爱国斗争的发展。离石、文水、孝义、兴县等地也很快开展了以进步教师和青年学生为主体的反帝爱国斗争。

在晋南，五四运动的消息传到侯马，侯马二高的校长郭从琚思想比较开明，倡导新文化和新学，是位爱国主义者；教师景学谊、李长岭同样热衷于新文化思想，倡导科学文化，反对封建迷信，痛恨帝国主义对中国的侵略，经常给学生介绍国内外时事和新文化思想。当这些教师把北京、太原、临汾等地爱国运动的消息介绍给学生，山西大学还特意于此时派了学生周敦谅到二高宣传时，立即激起了二高学生的爱国热情。彭真、关崶峰等带头组成宣传队，彭真为队长，到侯马镇以及附近的八卦亭、方城堡村、郭村等地宣讲。他们高呼"打倒列强""振兴中华""抵制日货""倡用国货"等口号，并宣传中国人不穿洋布、不吸洋烟、不用外国货，还把侯马镇上销售日货的车拦截住，将货物销毁。彭真还写了论述禁烟、禁赌、禁缠足的文章。运城各校代表也汇聚到省立第二师范，成立运城学生联合会，组织各校学生走上街头，游行示威，运城盐业工人和各县群众也很快纷纷行动起来，声援北京和省城的运动。

在晋北，大同位于京绥铁路线上，距离北京较近，加上在太原上学的青年众多，五四运动爆发后，大同学界反帝爱国运动很快沸腾起来。大同省立第三师范、第三中学和第五女师的四五百名学生，积极配合北京学联和太原学联的反帝爱国运动，于1919年6月成立了大同学生联合会，发表了一系列反帝救亡的革命宣言，不少学生还深入铁路、矿区和附近农村进行宣讲，呼吁大家都展开行动，支援北京学生的爱国运动。此时年龄尚不足15岁的省立第三师范学生马仲，和其他学校的学生代表一起，高举着"归还我青岛，取消'二十一条'""中国的土地不容断送"的标语牌，绕城游行示威。他们还到大街小巷中张贴自己写画的标语口号和墙报漫画，唤醒更多的人加入革命斗争的队伍。因为这些杰出的表现，后来化名为赵革非、长期从事党的秘密工作的马仲，被誉为"大同五四运动中冲锋陷阵的马仲"。

随着斗争规模的日益扩大，1919年5月中旬以后，天津学生联合会派代表来太原宣传爱国主张，北京中等以上学校学生联合会也派高君宇回太原指导工作。5月26日，山西大学学生会发表宣言，召开全校学生大会，在省内率先罢课。随后，省立第一师范、省立一中以及工业、农业、商业、法政专门学校等十多个大中学校的学生五六千人相继罢课。5月29日，山西省学联发表了《山西学生联合罢课宣言》，除太原外，大同、临汾、运城、长治、阳泉、晋城、离石、文水、代县、崞县等地的学生相继成立学生会，举行集会、游行，组织演讲团，成立义勇团、日货检查团，到大街小巷宣传反帝爱国主张，宣传取消"二十一条"、收回青岛，号召广大市民和社会各界行动起来，使运动逐渐向深度和广度发展。

1919年6月3日，北洋政府派出大批军警镇压上街演讲的北京学生，逮捕170余人。4日，学生再次上街演讲，又被捕数百人。5日，北京高校学生2000余人前往拘禁学生的临时监狱，要求释放被捕学生，并与军警展开了面对面的搏斗。就在这一天，上海工人阶级也举行了大罢工，商人举行罢市，从而实现了工人罢工、学生罢课、商人罢市的"三罢"斗争。五四运动从此突破知识分子的范围，进入了一个新的阶段，发展成为以工人阶级为主，包括城市小资产阶级、民族资产阶级在内的广泛的群众爱国运动，运动的中心也由北京移到上海。

据不完全统计，自6月5日至11日，共有50多个企业的六七万多名纺织、机器、铁路、汽车、轮胎工人举行总同盟罢工。在上海"三罢"斗争的影响下，紧接着天津、南京、长沙、汉口、杭州等地的工人也纷纷罢工声援，支持北京学生，抗议北洋政府的镇压。山东、河北、山西、湖北等省也纷纷派代表请愿，要求废除"二十一条"及对日本的全部密约。这次大罢工标志着五四民主爱国运动发展到了一个新阶段，中国工人阶级第一次独立登上政治舞台，以罢工的形式进行反帝反封建的伟大政治斗争。五四运动从此不再限于知识分子，工人、农民、小资产阶级和民族资产阶级，甚至部分军人和警察也参与进来，斗争的规模越来越大。

6月6日，太原大中学校学生5000余人和许多市民、店员、工人游行示威，到省公署请愿，要求向北洋政府转达山西人民的严正要求。6月7日，北洋政府释放全部被捕学生。10日，又发布了准免曹汝霖、陆宗舆、章宗祥职务的命令。16日，全国学联在上海举行成立大会。山西大学学生周敦信、太原省立一中学生王振翼、太原省立一师学生鱼中立代表山西省学联参加会议，山西省学联加入全国学联。6月18日，天津各界联合会派代表到太原与工、商、学各界联络，太原学联代表省城各界表示赞同成立太原各界联合会。6月下旬，山西省学联响应全国学联号召，发动各地学生会开展各种形式的宣传，接连致电在巴黎的中国代表团，要求拒绝在和约上签

第一章　点燃火种

字。最终，迫于来自各界的巨大压力，北洋政府不得不答应人民群众的要求，6月28日，中国代表团最终没有出席巴黎和会的签字仪式。五四运动取得了胜利。

五四运动是中国革命史也是山西革命史上具有划时代意义的事件，为马克思主义在山西的传播开辟了道路。五四运动最伟大的功绩，在于它启发了群众的觉悟，团结和积蓄了革命力量，直接促使了中国共产党的诞生和发展。五四运动打通了山西与京、津、沪地区革命运动的直接联系。从此，山西的进步青年直接接受了中国马克思主义思想运动启蒙导师李大钊的指导，诸多最新的理论和经验、来自最前方的革命火种，开始从娘子关外络绎不绝地传进来。

伴随着五四运动，1919年5月，李大钊在《新青年》上发表的《我的马克思主义观》专号，以及在进步报刊《每周评论》《先驱》《向导》《中国青年》等上对马克思主义做的全面、系统的介绍，都在山西进步青年中流传开来，产生了强烈的反响。1919年11月，李大钊还在《新生活》第15期发表短文，揭露了阎锡山在山西推行其"用民政治"的反动本质。"用民政治"建立在军国主义思想的基础之上，号称"政府改革是军国政策，人民教育是军用教育，社会组织是军用组织"。李大钊指出："在'民治'的国家，有人出来要行'用民政治'，这不但可以令人奇怪，并且觉得危险万分……'用民政治'的要害是：用民的人是谁？用民是做什么？"这些言论的引进和讨论，都在动摇阎锡山统治的思想基础。

在京、津、沪地区进步书刊和进步社团的影响下，山西纷纷成立进步社会团体、出版刊物来传播马克思主义，这是五四运动后山西的一个显著特征。自省立一中毕业后考入北京大学的山西省第一位共产党员高君宇，这一时期常回该校宣传马克思主义。

在进步思潮的影响下，1919年8月，山西最早的传播马克思主义和新思潮的刊物《平民》周刊创刊，由省立一中学生王振翼主编。《平民》周刊抱定"为人民奋斗"的宗旨，要"以山西实况报告世人，代人民呼号"，"将世界潮流输入娘子关内，供给晋民以奋斗有效的径途"。

1920年4月，山西大学20余名学生组织新共和学会，学会的宗旨是"交换知识，研究学术"，"以期创造新人生、新社会、新共和"。学会出版《新共和》季刊，所登载的文章指出，"贫困问题的唯一根本原因就是资本主义"，"代资本主义而起的当然是社会主义"。同年夏，省城知识界的邓初民、马鹤天、杨连甫、柯璜、帅佐唐等进步人士组织山西学术研究会，出版《新觉路》半月刊，介绍了广州、湖南等地的劳工运动。邓初民还为创刊号撰写《怎样改造中国》《半年来吾国劳工运动见闻》等文章，表达了对社会主义的信仰。省立一中成立青年学会，以研究学术、服务社会为宗旨，汾阳汾河中学、临汾县立第一高小的学生们创办了新文化书报互助团、新新书社，出版《新声》《新镜》月刊，经销各种进步书刊。这些活动，都在不同程度上传播了马克思主义，宣传了无产阶级的革命主张，使马克思主义在山西的传播具有了一定的规模。

在反帝反封建的新思想影响下，山西学界不断展开新的斗争，召开国民大会，呼吁抵制日货，推进地方自治，开展归公矿权等运动，其中声势较大的是1920年的抵制日货行动和晋矿归公运动。有了五四运动的经验，这些斗争最终都取得了胜利。

可以说，自五四运动以后，革命的洪流滚滚而来，革命的风云

第一章　点燃火种

此起彼伏，充满希望的共产主义火种，已经伴随着五四运动的影响，在三晋大地全面传播开来，只等待着一个契机、一阵春风，将它彻底地、永远地点燃！

点燃火种第一人

他是五四运动的倡导者之一,他是我国最早研究和宣传马克思主义的团体之一北京大学马克思主义学说研究会的组长,他是山西第一位共产党员,他是山西第一个团组织——太原社会主义青年团的创始人,他是点燃山西革命火种的第一人,他被李大钊赞誉为"建党初期的理论家",他有"我是宝剑,我是火花,我愿生如闪电之耀亮,我愿死如彗星之迅忽"的远大志向并且付诸实践。这个伟大的革命先驱者,就是山西静乐(今娄烦)人高君宇。

第一章　点燃火种

1911年冬的一天，北风呼啸、滴水成冰，连鸟儿都躲得不见踪影，山西省静乐县静游镇峰岭底村，巍峨耸立的高家大院里，却挤满了来看热闹的村民，不时传来一阵阵喧闹声。高家主人、富商高佩天仿佛没有听到众人的议论和劝阻，手起剪落，剪掉了自己的辫子。在村民的惊呼声中，高家的二儿子，也跟着父亲，一剪子剪掉了辫子。村里的长者急了，问高佩天："要是皇上再回来，你们父子怎么办？"高佩天还未答话，二儿子已经昂起了头反问："要是革命党来了，你们没剪辫子的又该怎么办？"高家这个聪颖过人的二儿子，正是几年之后将革命火种在三晋大地上点燃壮大的、中国共产党早期领导人之一、山西第一位共产党员——高君宇。

高君宇

山河环绕山西，但这从来不是新思想、新事物不可逾越的屏障。1911年10月10日，以武昌起义爆发为起点，仅仅19天后，太原也相应爆发起义并取得了胜利。高佩天也带着儿子，做出了在当时惊世骇俗的"剪辫子"举动。高佩天对外的身份是富商，经营煤矿、瓷窑、布匹、酒坊等产业，实际上，高佩天一直是走在时代前沿的革命者，早年曾参加义和团运动，后来又加入了同盟会。正是从父亲那里，高君宇知道了康有为、孙中山，并点燃了他救国救民的雄心，想要找到一条真正有效的革命道路。可惜的是，在山西，辛亥革命后，阎锡山等人攫取了军政大权，大肆排除异己，削弱革命势力，资产阶级民主革命的理论和方案已成为军阀政客争权夺利的幌子。

1912年，少年高君宇考入位于省城太原的山西省立模范中学堂（1913年更名为山西省立第一中学校），因才华出众，很快就以"十八学士登瀛洲"的美誉而享誉省城。高君宇如饥似渴地在这里学习着、进步着，不但订阅了《晨报》《申报》《康梁文钞》等书刊开阔眼界，还亲身实践，在1915年参加了反对袁世凯与日本签订丧权辱国的"二十一条"斗争，一边和同学们捐款翻印"二十一条"全文广为散发，揭露袁世凯的卖国行为；一边组织集会游行示威。1916年7月，高君宇于一中旧制中等科第7班毕业时，已经成为一名坚定的革命者，慷慨激昂地在《各述尔志》的毕业试题中写下了自己的志向："当此之时，君宇已蓄革命之决心矣！"

高君宇考入的，是中国第一流的学府——北京大学。彼时的北大，在校长蔡元培的领导下，引进了开放的学风，提出了"思想自由、兼容并包"的办学方针，李大钊、陈独秀、鲁迅等一批中国近代史上思想最先进的人物先后于此任教。北大注重培养学生独立自主、开放进步的思想和精神，成为五四运动的重要源泉。1917年俄国十月革命后，高君宇和邓中夏、黄日葵、许德珩等人，经常聚集在李大钊处，共同研究马克思主义理论和俄国十月革命的经验，寻

第一章 点燃火种

求改造中国社会的方法和道路。1918年5月,高君宇参加了反对北洋政府签订《中日共同防敌军事协定》的活动,这是中国近代学生运动史上第一次公开的游行请愿活动。到五四运动爆发,高君宇已经作为北京大学学生代表,一直在一线战斗着,领导着学生运动。他担任了北京大学驻北京学生联合会的代表,参加并领导学生上街游行、组织各校罢课、发表革命文章。为了进一步唤醒民众,高君宇还于1919年10月加入了邓中夏主持的平民教育讲演团,并很快成为该团的主要骨干和领导成员,经常深入农村、工厂演讲,积累了丰富的实践经验。

1920年初,在李大钊的指导下,由高君宇担任组长的19名学生秘密组成北京大学马克思主义学说研究会,这是我国最早研究和宣传马克思主义的团体之一。他们还一起筹办了附属研究会的图书馆,将其命名为共产主义的德文音译"亢慕义斋"。这一时期,高君宇频繁往返于北京和山西之间,写下了《山西劳工状况》《"五月一日"与今后的世界》等大量的理论研究文章。在他的影响下,山西陆续出现了新共和学会、山西学术研究会等组织,这些进步社团,都在不同程度上传播了马克思主义,宣传了无产阶级的革命主张,使马克思主义在山西的传播具有了一定的规模。1920年8月,第一部《共产党宣言》中译本在上海出版。同年10月,北京共产主义小组成立,高君宇是这个小组最早的成员之一。经过一个月的努力,他在北京大学红楼里组建了北京社会主义青年团(共青团的前身),并当选为第一任书记。担任领导职务后,高君宇更是夜以继日地写作、不断组织各种活动,表现出了出色的领导才能,被誉为"青年革命之健将"。

1921年初，高君宇回到太原，召集母校省立一中以及其他学校的进步学生座谈社会主义和人生观问题。在太原的短短几天里，高君宇和青年们漫步谈心的足迹，留在了文瀛湖畔，留在了图书馆内，也留在了实验室旁。在深入了解山西青年革命状况的基础上，高君宇认为，建立太原社会主义青年团的时机已经成熟。几天后，太原社会主义青年团在省立一中13班的教室内成立。高君宇为团组织拟定了明确的宗旨："唤醒劳工，服务社会。"会上明确宣布，太原社会主义青年团的任务是："继承'五四'的光荣传统，努力宣传马克思列宁主义，反对北洋军阀政府，反对帝国主义。"并要求每个团员都要学唱《国际歌》，按时过组织生活，服从组织纪律，绝对保守秘密。在高君宇的倡议和指导下，青年团的团员们改组了《平民》周刊编辑部，并将《平民》周刊作为太原社会主义青年团的机关刊物，成立了以学习宣传马克思主义为宗旨的社会主义青年学习研究小组、青年学会等组织，随后又成立了中国社会主义青年团太原地方执行委员会，组织了赤色工会，先后发动了太原大国民印刷厂、太原制革厂工人罢工以及山西铁路工人运动等，全省各地其他青年团组织也随之相继成立。

1922年1月，高君宇作为中共代表之一参加了共产国际在莫斯科举行的远东各国共产党及民族革命团体第一次代表大会，受到列宁的接见，还被大会选为执委会委员。回国后，他出席了在广州召开的中国社会主义青年团第一次代表大会，参与制定了团的纲领，当选为第一届团中央执行委员。7月，高君宇在中共二大当选为5名中央执行委员之一，成为中共领导成员。9月，高君宇担任党中央机关刊物《向导》的编辑兼记者，随后又担任了北方区党委机关

高君宇故居

纪念馆内高君宇的铜像格外引人注目

刊物《政治生活》的编辑;这一时期,他还在《新潮》月刊、《晨报》副刊、《国民》杂志等刊物上发表了多篇文章,论述中国革命两步走的问题,介绍印度、土耳其等殖民地国家的革命情况,分析成功或失败的原因和经验。1923年2月,高君宇领导长辛店工人参加了京汉铁路工人大罢工,编写了《京汉工人流血记》一书,号召工人在党的领导下继续同军阀进行斗争。他的文章笔锋犀利、论证激烈,被李大钊赞誉为"建党初期的理论家";6月,在党的三大之后,高君宇把主要精力投入了建立统一战线的工作;1924年1月,国民党召开第一次全国代表大会,高君宇和李大钊、毛泽东等一起以共产党员的身份参加。会后,北洋政府在北京大肆搜捕国共两党代表,此时的高君宇,受北京党组织的指派,回到山西筹建党组织、筹划山西地区国共合作等事宜,他机智地装成厨子,躲开搜捕,回到了太原。

回来后,高君宇惊喜地发现,经过革命斗争考验的太原社会主义青年团,已由原来的1个团小组发展到9个团支部,有团员60余人,已经成为山西青年运动、工人运动的主要领导力量,积累了丰富的组织领导学生运动和工人运动的经验,并在实践中逐步确立了马列主义的信仰,具有了远大的共产主义理想信念,这些都为创建中共山西地方党组织奠定了坚实的组织和思想基础。高君宇秘密住进母校"青年学会",与之前北京区委承认的山西唯一的候补党员李毓棠取得联系,着手建党工作。他首先代表北京区委,通知李毓棠转为正式党员。接着,与以贺昌、李毓棠及潘恩溥为代表的太原团地委,组成太原地区超龄团员由团转党资格审查委员会,对团地委所有25岁及以上的团员进行了筛选和排队。依规与超过25岁的团地委秘书潘恩溥、团支部书记侯士敏、团地委组织部主任张叔平等进行了个别谈话和组织考察,随后介绍他们由团转党。同时,年仅17岁,但1922年即开始担任团地委领导职务的张垍麟,也被吸收入党。办理完5人的入党或转正手续后,创建中共太原地方党组织的条件已经具备。

1924年5月底,在省立一中,高君宇终于点燃了山西共产主义

第一章 点燃火种

的火种——中共太原小组成立了！这是山西第一个中共地方党组织，也是北方地区较早建立的地方党组织之一（后改为中共太原支部），小组组长为李毓棠，成员有潘恩溥、侯士敏、张叔平、张墡麟。同年秋，又有彭真、纪廷梓等青年团员转为党员。中共太原支部成立后，张叔平任支部书记，彭真、李毓棠、纪廷梓分别负责党内各项工作。彭真同志曾回忆说，在太原社会主义青年团工作基础上建立的太原党组织，是按照高君宇1922年从莫斯科带回来的"旅莫支部记录"的精神建立起来的"要求很严格""立场坚定、意识好"的党组织。

这一时期，高君宇还担任着孙中山的秘书，奔走各地。他对工作极其认真负责，达到了废寝忘食的地步。有一次，弟弟高全德从山西来北京看他，高君宇忙完了工作才带着弟弟去附近的小馆子吃饭，高全德却发现，饭馆里哥哥用来记账的吃饭折子上很多天都没有吃饭的记录，问起原因，高君宇说："工作太忙时，就买个烧饼或者白薯，再喝点开水就不饿了。"他不顾个人安危，在广州商团叛乱时率军奋战，乘坐的指挥车被子弹击穿，受伤后也坚持裹伤再战，直至最后胜利。这样长期紧张繁重的工作让高君宇的身体越来越弱，1924年冬天，他随孙中山北上，因肺病吐血住进德国医院，医生让他休息半年，高君宇却在病情稍有好转时就坚持出院。1925年3月1日，国民会议促成会第一次全国代表大会在北京开幕，高君宇带病出席，最后实在坚持不住，被同志们送往协和医院，但是已经错过了最佳治疗时机，加上并发阑尾炎，于3月6日去世，年仅29岁。

因为过早逝世，一手建立起山西地方党组织的高君宇，再也没能看到后来蓬勃发展的一切,但是他在省立一中学习时树立的"我是宝剑,我是火花,我愿生如闪电之耀亮,我愿死如彗星之迅忽"的志向,他对马克思主义的积极传播,他对进步青年的精心培养,他用尽毕生精力、用生命在三晋大地上点燃的微弱火种,都在不断勉励着后来山西的革命者们在追寻真理的道路上前行,不断激励着一代又一代的进步青年。而这微弱的火种,也终成熊熊燃烧之势,很快就彻底照亮了三晋大地,照亮了历史的天空,照亮了光明的未来!

革命的爱情也浪漫

高君宇直接促成了周恩来和邓颖超的恋情,可他自己的爱情,虽然浪漫,却有个悲伤的结局。在北京学习和工作期间,高君宇爱上了被誉为"民国四大才女"之一的山西老乡石评梅。可是,因为初恋对石评梅造成的伤害,石评梅始终不敢接受高君宇的爱。但她没有想到,高君宇会遽然撒手人寰,造成她终生的悔恨和伤痛,以至于她自己也因为悲伤过度很快离开了人世。人们把他们合葬在北京陶然亭,从此这里成为爱情的圣地。多年以后,邓颖超为《石评梅作品集》写了题签,同时还写了《为题〈石评梅作品集〉书名后志》,称"缅怀之思,至今犹存"。

1925 年1月，在上海举行的中国共产党第四次全国代表大会上，高君宇与周恩来相识，相同的理想和追求让两人成为很好的朋友，两人甚至还聊起了各自的爱情。周恩来一直倾慕着此时在南开附中读书的邓颖超，可是没有勇气开口。在高君宇的鼓励下，周恩来决定委托高君宇返京时在天津下车，到南开附中，把自己的手书亲自交给邓颖超。就这样，高君宇成了周恩来和邓颖超的"红娘"，促成了两人的百年之好。可是，高君宇自己的爱情，虽然十分美好浪漫，却没有得到美满的结局。高君宇逝世后，周恩来和邓颖超曾多次讲起他的爱情。北京解放后，邓颖超还同一些年轻人数次到陶然亭高君宇和爱人的合葬墓地凭吊，并向同行者讲述他们的爱情故事和革命事迹。由于周恩来和邓颖超的仰慕和推崇，高君宇的爱情成了青年男女相爱的楷模，北京陶然亭，也成为爱情的圣地。

高君宇的这位爱人，便是中国现代女性求独立、求平等、求解放、求自由的先驱，我国早期民主革命家、思想家、文学家——山西平定人，被称为"民国四大才女"之一的石评梅。她和高君宇一起，为新思想的传播、新文化的普及、妇女解放运动的发展乃至共产主义火种的熊熊燃烧，做出了诸多不可磨灭的贡献。

1902年，一个秋高气爽的日子，山西平定一户人家的院子里，举人石铭正在焦灼地踱着步，不时侧耳听听屋中的动静。一声清脆的婴儿啼声突然响起，这位父亲的眉头一下子舒展开来。笑逐颜开的他，根本不会想到，这个孱弱的女儿，会成为后人口中传诵的"民国四大才女"之一，在仅仅27年的生命里，用燃烧的青春在中国文坛留下一道耀眼的光芒，然后流星一般地逝去。他为她起了

第一章 点燃火种

"心珠"的乳名,视之为掌上明珠,手把手地教她写字、画画,念《诗经》及"四书"。翰墨书香的熏陶,让小石评梅的天资很快就显露出来。童年的石评梅,无疑是非常幸运的,父亲的开明让她没有走上寻常女子的生活之路,而是一直努力读书求学。她也没有辜负父母的期望,成绩总是出类拔萃、名列前茅。但是"人生识字忧患始",聪明的人总是敏感的,虽然处于父母精心的呵护下,小小的姑娘还是嗅到了来自历史深处的腐朽气息。她会常常感到莫名的忧愁,常常自己哭泣,为了那么多女子悲惨的命运,也为了自己不可捉摸的未来……

大诗人白居易诗中曾写"人生莫作妇人身,百年苦乐由他人"。从汉代刘向撰《列女传》,赞扬贞节、端庄、温顺、明义的女性以来,女子地位每况愈下,越来越多的女性被限制在家庭中,过着奴隶般失语的生活。到了宋代,程朱理学鼓吹"饿死事小,失节事大",不计其数的女子在这样的训条下,悲惨地走完了自己的人生。清末,随着西方近代思想的传入、维新运动的开展,有识之士开始认识到女子境遇的不公,呼吁对现状的改变。可是积重难返,几千年传统的积淀,要更改谈何容易!中国最早自办的女学堂由清末慈善家经元善等人于1898年创立,但1900年,就迫于各方面压力停办。延至20世纪初,不但女学甚少,即使入学女生也寥若晨星。直到1907年,清政府才下令开办女学堂。而女子地位的提高,还有漫长的路要走。那些认识到自己价值、勇敢走出家门的极少数女性,面临的问题更多。更彻底的思想革命还没有到来,这一时期,是黎明前的黑暗,也是需要先行者用鲜血来铺就后人道路的关键时刻!

辛亥革命后不久,石铭到省城太原省立图书馆任职,石评梅随父离开家乡，进入太原师范附属小学就读，附小毕业后又升入太原女子师范学校。时代的大潮将越来越清醒的她直接推到了斗争的前沿！在女师读书期间，石评梅就开始组织学生闹学潮，显露出她的反抗思想和组织才能。学潮过后，校方本来要开除她，因惜其才华，还是保留了她的学籍。1919年暑假，石评梅从太原女师毕业，按照当时的标准，她已经可以算作女孩子中的佼佼者了，是该继续求学，还是回家嫁人生子？石评梅站在了命运的分岔口。

这一时期的女性，在对自己的前途命运做出选择时，很多都是用"逃"的方式。"民国四大才女"中的张爱玲、萧红，就是永远地逃出了家门，逃进了不可知的未来。石评梅没有经历这些，疼爱她的父亲这一次同样没有违背她的意愿，仍然让她像天空中的鸟儿一样，自由飞翔。这一年夏天，石评梅带着美丽的梦想和满心的憧憬，来到各种思潮风起云涌的北京，报考北京女子高等师范学校。她本打算报考国文科，但是当年这一专业不招生，便改考体育系。天资聪颖、书画音乐体育皆擅长的石评梅，很容易就被录取了。这个好奇的少女，睁大了她清澈的双眼，准备感受即将到来的一切。

世界为她打开了一扇门，也给她带来了无穷尽的伤痛。

石评梅到北京时，正值五四爱国运动不久，新文化运动方兴未艾，蔡元培、鲁迅等人，已经发表了一系列新文学作品，白话文开始取代文言文，封建旧道德、旧礼教受到强烈冲击，民主与科学大大动摇了旧思想的统治地位。人们的思想，尤其是青年人的思想得到空前的解放。身在其中的石评梅受到巨大的冲击，她十分珍惜这学习的机会，辛勤地努力着，知识越来越丰富，眼界越来越宽广。她常与女高师的同学们一起开会、演讲、赋诗，如同作品里写的那

第一章 点燃火种

高君宇和石评梅的来往书信（山西博物院藏）

样"狂笑，高歌，长啸低泣，酒杯伴着诗集"，很是浪漫。这个心高气傲的女孩子，出于对梅花的喜爱，将自己的学名"汝璧"改为"评梅"，也将自己之后的人生，过得如同名字一样，始终追求着一切美好的东西，始终努力保持着自身的高洁。从1919年起，李大钊在北京大学和北京女子高等师范学校分别开设了"唯物史观""社会主义与社会运动""社会主义的将来"等课程，石评梅成了他的学生，受益良多。1920年3月，马克思学说研究会成立后，石评梅又成了其中的重要成员，开始系统地学习马克思、恩格斯的著作。也就是在此时，石评梅在山西同乡会上，结识了老乡高君宇。在交谈中，石评梅得知高君宇是自己父亲的学生，顿时倍感亲切。从此，他们便经常通信，交流思想，有时还会相约到北京南郊的陶然亭湖畔散步，两人逐渐发现彼此有相同的理想和抱负，两颗心越走越近。高君宇鼓励石评梅"积极起来，粉碎这些桎梏"，"被悲哀而激起，来担当破灭悲哀原因的事业，就成了奋斗的人了"。

在进步思潮的影响下，在高君宇的鼓励下，石评梅的创作天赋被激发出来，开始写诗和散文，向各报刊投稿。1921年，石评梅的诗歌处女作《夜行》在山西大学新共和学会办的刊物《新共和》第一卷第一号上正式刊出。从此，石评梅走上了用文章来进行思想传播和革命斗争的道路。1922年7月16日至23日，中国共产党在上海举行第二次全国代表大会，大会发表了《中国共产党第二次全国代表大会宣言》，揭示了中国社会的半殖民地半封建性质，提出了妇女享有同男子一样平等的权利，还提出"保护女工和童工""废除一切束缚女子的法律"。大会通过了《中国共产党章程》以及《关于妇女运动的决议》等文件。就在这一年，石评梅也撰写了话剧剧本《这是谁之罪》，通过沉痛的爱情悲剧，呼唤青年一代不要被旧的习惯势力软化而成为封建礼教的牺牲品，引起了一定的反响。

1923年2月7日，京汉铁路工人大罢工爆发，石评梅勇敢地走出了校门，参加了"女高师第二组国内旅行团"。在1923年5月下旬至6月下旬，沿京汉铁路南下，经保定、石家庄到达武汉，又到南京、上海，从青岛、济南返回北京。返校后，石评梅撰写了一篇长达5万多字的长篇游记《模糊的余影》，在《晨报副刊》上连续刊出。同年夏，石评梅完成学业，接受北京师大附中聘请，担任女子部学级主任和体育教员、国文教员；后来还在春明女校、女一中、北师大兼任教员和讲师。几年来一直关注、欣赏石评梅的高君宇，再也忍不住爱慕之情，在这一年的秋天，寄给石评梅一封信，信里

第一章　点燃火种

只有一片火红的枫叶，上面写着高君宇的相思："满山秋色关不住，一片红叶寄相思。"这封突如其来的求爱信让石评梅陷入忧虑和矛盾中。她想了很久，在红叶上写下这样一行字："枯萎的花篮不能承受这鲜红的叶儿。"拒绝了高君宇。

实际上，石评梅不是不欣赏、爱慕高君宇，而是在初恋里受到了巨大的伤害，抗拒爱情的到来。她的初恋吴天放，对她隐瞒了结婚生子的事实，在石评梅发现了要分手时，吴天放不但不同意，还威胁要把两人之间来往的书信公之于众。石评梅在这段感情里受到了巨大的刺激，害怕再次受伤，所以在和吴天放分手后，将自己的感情牢牢地包裹起来，抱定独身主义，决定把余生都投入事业中去。高君宇尽管内心十分痛苦，但仍尊重她的选择："你之所愿，我愿赴汤蹈火以求之；你之所不愿，我愿赴汤蹈火以阻之。不能这样，我怎能说是爱你！"但高君宇并没有放弃对石评梅的爱，他曾告诉自己的弟弟："我对她的感情非但没有减弱，反而更加增强了。"

为了让石评梅相信自己的一颗真心，1924年，高君宇在回山西时，坚决地解除了自己在家乡的婚约。同时，为了表明自己坚定不移的心迹，高君宇还特意在石评梅生日前夕，从广州买了两枚象牙戒指，将其中较小的一枚附在书信中，连同平定商团叛乱时用过的子弹壳，寄给了远在北京的石评梅；另一枚则戴在了自己手上。1924年，石评梅与同学陆晶清一起，主编出版了《妇女周刊》，宣传反帝反封建的革命纲领，为民族解放和妇女解放大声呐喊。这一年的最后一天，高君宇随孙中山抵达北京，参加国民会议促成会全国代表大会的筹备工作，石评梅欣喜地看到了阔别多日的老朋友，可是没过多久，高君宇就住进了医院。住院期间，石评梅差不多每天都来探视，二人是那么心意相通、志趣相投，经常两只戴象牙戒指的手情不自禁地就紧紧握在了一起。然而，就在高君宇憧憬着今后的美好生活时，他病弱的身体再也无法坚持下去，1925年3月6日凌晨，出院后的高君宇再次入院，因并发阑尾炎猝然去世，时年29岁。

收到噩耗的石评梅怎么也不敢相信，她觉得自己太脆弱，懊悔自己太不果断，没有及早地和高君宇结合，让自己深爱的人留下了巨大的遗憾。在和高君宇的弟弟一起把他葬到了北京陶然亭后，悲伤的石评梅在高君宇的墓碑上题写了他的诗句："我是宝剑，我是火花，我愿生如闪电之耀亮，我愿死如彗星之迅忽。"随后又创作了《狂风暴雨之夜》《梦回寂寂残灯后》《象牙戒指》《祭献之词》《墓畔哀歌》等文章，深深地表达刻骨的思念之情："假如我的眼泪真凝成一粒一粒珍珠，到如今我已替你缀织成绕你玉颈的围巾。假如我的相思真化作一颗一颗红豆，到如今我已替你堆集永久勿忘的爱心。……我愿意燃烧我的肉身化成灰烬，我愿放浪我的热情怒涛汹涌，……也让我再见见你的英魂。"（《墓畔哀歌》）

更重要的是，石评梅在痛定思痛之后，逐渐理解了高君宇从事的事业，理解了高君宇在信中所说的"我是有两个世界的：一个世界一切都是属于你的，我是连灵魂都永禁的俘虏；在另一个世界里，我是不属于你，更不属于我自己，我只是历史使命的走卒"的意味。她开始继承他的革命遗志，延续他的奋斗梦想，以文章为匕首，以诗歌为长枪，让自己不仅为自己、也为高君宇而活着。1925年5月30日，上海五卅惨案后，石评梅在《妇女周刊》上以编辑部名义发表特别启事，表示了极大的愤慨。1926年春，在"三一八"惨案

第一章 点燃火种

中,石评梅的好友刘和珍不幸遇难,石评梅发表了《血尸》《深夜絮语》《痛哭刘和珍》等文章,深切地悼念,悲愤地表示:"你的血虽然冷了,温暖了的是我们的热血,你的尸虽然僵了,铸坚了的是我们的铁志。""我也愿将这残余的生命,追随你的英魂。"1926年上半年,石评梅又与陆晶清创办了《蔷薇周刊》,起初以写诗歌、散文为主,后来又创作了不少短篇小说。1927年春,"四一二"反革命政变后,石评梅大声疾呼,要人们记住"这个春天是埋葬过一切光荣的"。同年4月28日,李大钊在北京英勇就义,石评梅在《断头台畔》诗中,以极其悲壮的文笔写道,烈士的"鲜血已沐浴了千万人的灵魂",表示自己将继承先烈的遗志,坚定不移地战斗下去。这一时期,石评梅的作品以追求爱情、真理,渴望自由、光明和呼唤妇女解放为主题,先后在《语丝》《晨报副刊》《文学旬刊》《妇女周刊》《蔷薇周刊》等报刊发表约50万字。她的创作得到了鲁迅先生的大力支持,不但给石评梅主编的《妇女周刊》供稿,还对石评梅的小说、散文、诗歌、游记、剧本、评论都给予了重视和好评,奠定了石评梅在现代文学史上的重要地位。

可以说,自山西走出,以自己的文章和实际行动影响了大批后学者的才女石评梅,不仅是以进步思想为核心的先进文化的先驱,也是中国妇女解放运动的先驱。她以其深邃的文字燃亮了民族精神的火种,书写了一个作家对国家的热爱,对民族文化的热爱,也将这份精神播撒到了更多的地方。但是,石评梅始终没有从失去高君宇的巨大哀伤里走出来,痛苦和悲伤终于一点点地侵蚀了这个年轻姑娘的身体。1928年9月,27岁的石评梅因脑炎病逝于北京,直到临终前,她的手上仍然戴着那枚白色的象牙戒指。人们把她葬在高君宇的墓旁，完成了二人"生前未能相依共处，愿死后得并葬荒丘"的遗愿。石评梅去世后，作品被陆续搜集整理，1983年，三卷本《石评梅作品集》出版，卷一为散文，卷二和卷三为小说、剧本、诗、游记。而早在1982年7月，邓颖超就为这一版《石评梅作品集》写了题签，同时还撰写了《为题〈石评梅作品集〉书名后志》，称"缅怀之思，至今犹存"。

这些诞生在革命战争年代的爱情，无论是悲伤的，还是幸福的，只要伴着火种的壮大，梦想的实现，就有了鲜艳的浪漫，就有了特别的意义。

火种摇篮省立一中

省立一中旧址位于太原市中心五一广场西北的文瀛公园，曾经是山西省规模最大、水平最高的中学，占地40万平方米，有办公室72间，主教室32间，学生宿舍174间，还有礼堂、图书馆等建筑。这所当时山西的文化和教育中心，持续吸纳着最聪慧的学子，不断输送着最先进的理念，在整个山西的民主革命过程中，都身处斗争的最前沿，高君宇、贺昌、王振翼、张叔平、彭真等人先后毕业于此，他们在这里组织了五四运动，成立了社会主义青年团、山西第一个党组织，领导了工人大罢工……进行了各种轰轰烈烈的革命活动，让这里成为革命的摇篮、火种的起源。

如今，垂柳依依、碧波荡漾的山西省太原市文瀛湖南侧，有一座悬山顶清代建筑，它总是宁静地矗立着，仿佛远离一切岁月悲欢。然而，桃李不言，下自成蹊，一年四季，进出此地的人总是络绎不绝，因为追寻，因为信仰，也因为这里曾经铭记过的历史瞬间。

这里原是明清贡院，1906年，山西公立中学堂在贡院基础上创办，之后相继更名为山西晋阳中学堂和山西省立模范中学堂。民国二年（1913年）8月，山西军政府颁令，对全省官办公立的中学统

原明清山西贡院，民国二年（1913年）改为山西省立第一中学校

一命名，统一拨给办学经费。"山西省立模范中学堂"因此更名为"山西省立第一中学校"。"省立一中"正式得名。此时的省立一中（太原五中的前身），是山西省规模最大的中学，占地40万平方米，有办公室72间，主教室32间，学生宿舍174间，还有礼堂、图书馆等建筑。设备齐全、条件优越，师资力量雄厚，学校以"增进学生之智慧技能，予研究高深学术及从事各种职业"为宗旨。

五四运动后，省立一中又一次有了大规模的发展，据《第一次中国教育年鉴》（民国初版）中记载："山西风气晚开，从前视为粗具中学雏形者，不得不大加改良。"1920年考入省立一中的贺昌曾自豪地写下自己对学校的印象："省立一中为吾省文化之中心，其教育之得法，管理之严厉，非他校能比肩也。余虽钝鲁，幸蒙不弃。孙山之耻既免，求学之乐又来。"在这一时期，省立一中已占地面积10133.84平方米，校舍建筑有"办公室22间，普通教室32间，理化教室6间，博物教室3间，图书馆（室）12间，会议室3间，教职员宿舍35间，学生宿舍174间，礼堂1座，游艺楼1座；图书馆藏书3482套（近3万余册），理化仪器320套，博物标本45套，篮球场9个，网球场4个，足球场1个，田径赛场1个，乒乓球台4架，体育器械室1座"。教学体制也有了变化，"民国十七年（1928年）前为旧制中等科。十三年（1924年）添设四二制高中文、理两科。十七年（1928年）后改为三三制，只招初中，未招高中，二十一年（1932年）起复招三三制高中"。学生人数初中每班40人，高中每班30人。学校有一支大多从国内外名牌大学毕业的高水平的教师队伍，国内毕业的老师主要来自北京师范大学、燕京大学、上海圣约翰大学、山西大学，留学回国的老师有日本早稻田大学的毕业生等。学校的校训是"勤俭自主，诚毅有为"。从建校至民国二十一年（1932年），据不完全统计，共培养和输送出高、初中毕业班63个，为国家培养了2000余名学生。

这所当时山西的文化和教育中心，持续吸纳着最聪慧的学子，不断输送着最先进的理念，在整个山西民主革命过程中，都身处斗争最前沿，最终成为革命的摇篮、火种的起源。在它的怀抱里成长怒放的莘莘学子，就像文瀛湖畔盛开的千余株碧莲，用绚烂的生命，点燃了整片历史的天空。

高君宇，中国共产党最早的党员之一，山西党团组织的创建者。

第一章 点燃火种

1916年7月毕业于山西省立一中旧制中等科第7班。

张叔平，山西最早的共产党员之一，山西党组织的创建者之一，中共太原支部第一任书记，1917年考入省立一中。

王振翼，山西最早的共产党员之一，山西党组织的创建者之一，太原社会主义青年团第一任组长，1917年转学进入省立一中。

贺昌，山西党组织的创建人之一，山西早期青年运动、工人运动的卓越领导人，中共早期高级党务工作者，红军高级指挥员和政治工作者，1920年考入省立一中，1923年7月毕业于旧制中等科第25班。

李毓棠，山西最早的共产党员之一，中共太原地方党团组织的创建人之一，中共太原小组组长，山西著名的学生运动领袖，1918年8月考入省立一中。

彭真，伟大的无产阶级革命家、政治家，杰出的国务活动家，我国社会主义法制的主要奠基人，党和国家的卓越领导人，1922年考入山西省立一中。

……

这些毕业于省立一中的山西早期共产党员，最终都选择了共同的目标：推翻反动政府，找到一条爱国报国的道路。就像年少的贺昌曾在一篇作文中写的："国家灾难临头，应挺身而出，即使牺牲也不退缩。"像他一样的时代先驱者们，已经清醒地认识到：从19世纪中叶起，在与外国列强签订了1000多个不平等条约和章程之后，中华民族已经处于随时亡国的危险之中，救亡图存的民族使命迫在眉睫！解决这一使命的道路，就在自己脚下！

聚集在省立一中的杰出青年们，很快联合起来、共同学习，一起进步,将这所学校,变成了革命斗争的最前方。

在这里诞生了山西第一份宣传马克思主义的期刊。五四运动后的山西,各种社会主义流派纷至沓来,马克思的科学社会主义是其中的主流,其余影响较大的流派还有无政府主义、空想社会主义和社会民主主义。山西的进步青年在纷然杂陈、相互争鸣的各种流派的刊物面前,一时难辨方向,徘徊在各种社会主义流派之间。此外,太原还流行着各种资本主义思潮。

1919年,阎锡山邀请胡适、江亢虎、杜威和英国哲学家罗素等人来太原,宣扬实用主义和改良主义,攻击马克思主义者关于中国问题要做"根本解决"的主张,反对阶级斗争学说。1920年6月21日,阎锡山又在省政府内召集社会名流召开了为期一年之久的"进山会议",以学说研究为幌子,抵制马克思主义在山西的传播。1921年夏,英国哲学家罗素应阎锡山的邀请到山西讲学,鼓吹中国只有国际共管,才能走向"自由之路"。

针对这些论调,由王振翼在省立一中创办、传播马克思主义思想的进步刊物《平民》周刊刊登了大批文章,批驳"进山会议"的欺骗性宣传,帮助山西的先进青年认清马克思主义同无政府主义的本质区别,划清科学社会主义同其他社会主义流派的界限。尽管《平民》周刊前后只存续了5年,但它为山西社会主义青年团及共产党组织的建立做了思想上、舆论上的准备,引领一批青年走上了信仰马克思主义、追求共产主义的道路。

在这里诞生了山西第一个马克思主义学习小组。1920年,在高君宇的倡议和指导下,省立一中成立了以学习宣传马克思主义为宗旨的社会主义青年学习研究小组,王振翼被推选为组长。时逢五四运动一周年，小组成员分四路，在全市各处秘密散发《共产党宣言》2000 余份，在社会上产生了很大的影响。在高君宇的指导下，太原社会主义青年学习研究小组团结了一批志同道合的青年，为宣传和推广马克思主义做了大量的工作。

在这里诞生了山西第一个社会主义青年团。1921 年 5 月，在高君宇的组织和主持下，山西第一个社会主义青年团——太原社会主义青年团成立，推举王振翼为组长。这是全国成立比较早的青年团，大大促进了马克思主义在山西的进一步传播。社会主义青年团成立后，还发扬党的优良传统，向社会做调查，"唤醒劳工"，宣传革命。这些活动廓清了青年人心中的迷茫，为马克思主义的传播建立了一个又一个阵地，促进了更多还在沉睡中的人民大众的觉醒。

在这里还举办了诸多轰轰烈烈的活动，辐射和影响着大批进步青年。1921 年 10 月，贺昌和青年团员刘廷英在省立一中又发起组织了青年学会，以"研究学术，服务社会"为宗旨，编辑出版《青年报》，设置图书室，订购许多进步书刊，吸引了大批学生来这里读书，使他们从中了解马克思列宁主义，进而走上革命道路。省立一中学生刘世泽等人组织见闻观摩会，出版《见闻》半月刊；团员郝广胜等组织革新社，宣传马克思主义；青年学会内设立了平民小学，吸收附近的贫民子弟学习文化知识。贺昌和彭真等人经常在平民小学讲课，在讲解文化知识的同时，传播革命道理，启发阶级觉悟。以后又增设了成人夜校，吸收工人来听课，用通俗易懂的语言，宣传文化知识和革命思想，深入浅出地向工人阐述革命道理，引导他们为求生存、谋解放而斗争。这其中就有在山西公报馆当印刷工，后来成为中共中央晋绥分局第一地委组织部部长的山西早期共产党人王世益。

在省立一中这些活动的影响下，其他革命活动也随之在外部轰轰烈烈地开展起来。山西省立第一师范的学生张友渔、刘奠基等24人组织共进学社，出版《共鸣》半月刊；汾阳河汾中学学生侯士敏在国文教师郭桐年的指导下，创办了新文化书报互助团，集资订购进步书刊；临汾县立第一高级小学教师景仙洲等开办新愿书社；随后，张振山等进步教师和学生又集资创办了新新书社；在北京上学的戎子桐回到家乡平定，与平定晋友中学学生侯富山、韩毅、韩刚、杜鸿玉和友爱医院医生杜鸿等组织了马克思主义读书会和图书室；省立国民师范及祁县、武乡和霍县的进步青年也陆续建立了进步社团，这些新思想和新文化的新战线，如雨后春笋，很快遍布三晋大地。

这一时期，阎锡山慑于五四运动的威力，对学生运动采取了较为宽容的态度，这在客观上有利于学生运动的发展，有利于各种新思想、新文化的涌入，有利于马克思主义的广泛传播。但是，阎锡山没有想到，马克思主义和社会主义思潮就像一股势不可当的洪流，从省立一中喷涌而出，迅速冲向三晋大地。越来越广泛的马克思主义传播，越来越多的马克思主义追随者，越来越觉醒的人民大众，引起了阎锡山极大的警惕和恐慌。为了压制这种浪潮，他开始查封进步刊物，逮捕进步学生，尤其是对这个太原马克思主义传播最主要的阵地、革命斗争中心——省立一中，更是采取种种措施严防死守、围追堵截。但是，他的倒行逆施并没有获得想要的结果，反而激励着更多的青年革命者意识到只有马克思主义才能救中国，最终拿起马克思主义的思想武器，加入无产阶级革命者的队伍，以组织

彭真生平暨中共太原支部旧址纪念馆

驱逐反动校长、反房产税等实际行动,进行着不屈不挠的反抗,并且在斗争中,积累了丰富的经验,成为坚定的共产主义者。

1924年5月底,正是美丽的初夏,在碧波荡漾鲜花盛开的省立一中,山西第一个中共地方党组织——中共太原小组在高君宇、贺昌等人的倡导和组织下,正式成立!后来又改为中国共产党太原支部,支部机关就设立在省立一中,旧址位于今天文瀛湖畔的彭真生平暨中共太原支部旧址纪念馆内。从此,山西的革命斗争有了正确的方向,革命青年有了坚强的领导,山西的民主革命揭开了山西历史的新篇章!

省立一中这座山西革命的摇篮、火种的起源,20多年来,就这样似惊雷、似闪电,给阎锡山统治下黑暗的太原城、山西省,乃至全国其他地方,撕开了一道道大裂缝,让新的革命曙光不断闪现,让新的革命理论不断被证实，让更多从这里走出、受这里影响的，和高君宇、贺昌、王世益、王振翼、彭真一样的爱国之士，思索着，探求着，等待着，这一点点从省立一中燃起的星星之火，再继续壮大、再继续嬗变、再继续蓬勃！

第二章 壮大火种

鲜艳的旗帜在一个个有梦想的人手中传递,伟大的目标在一次次不懈的斗争中变成现实,那看起来微弱的的星星之火,终将燎原,终将壮大!

第二章 壮大火种

最小的中央委员

贺昌从小聪明勇敢，在高小期间就组织罢课，走上街头宣传讲演，投身于反帝爱国运动。在省立一中期间更是成立"晋华书社"，发起青年学会，成立平民小学、平民夜校，召集工人领袖秘密聚会，组织领导工人罢工。从省立一中毕业后，贺昌正式开始革命家生涯，在江西协同刘少奇、邓中夏发动安源路矿工人大罢工；在上海协同周恩来发动了3次工人武装起义和南昌起义；到广州与张太雷谋划领导了广州起义……《中共党史风云人物》评价这颗耀眼的明星为：杰出的无产阶级革命家，早期青年运动卓越的领导者，中国共产党优秀的高级党务工作者，中国工农红军政治工作的主要领导人，是中共中央委员中最年轻有为精通多种领导工作的英才。

在中国共产党早期领导人中,有一颗耀眼的明星,他从事过青年学生运动、发动过工人运动、组织过武装起义、领导过红军斗争,他曾与高君宇在山西一起并肩战斗,将革命的火种燃烧得更加热烈;他在江西协同刘少奇发动安源路矿工人大罢工;他在上海协同周恩来发动了3次工人武装起义和南昌起义;他到广州与张太雷谋划领导了广州起义;他在湖南会同彭德怀、滕代远一起领导了平江起义;他还曾与邓小平酝酿广西百色起义,同聂荣臻主持北方党务工作,与项英、陈毅并肩掩护中央红军长征,开展南方游击战争……他先后担任了团中央委员、常委,团中央工农部部长、共青团湖北省委书记、团中央劳动部部长、南方局宣传部部长、北方局书记、顺直省委书记、中国工农红军第五军政治委员、红三军团政治部主任、红军总政治部副主任等职,与陈毅、项英等人结下了深厚的革命情谊。《中共党史风云人物》评价他为:杰出的无产阶级革命家,早期青年运动卓越的领导者,中国共产党优秀的高级党务工作者,中国工农红军政治工作的主要领导人,是中共中央委员中最年轻有为精通多种领导工作的英才。

这个被誉为"中共中央委员中最年轻有为精通多种领导工作的英才",就是1906年1月出生在山西柳林一户书香门第的贺昌。贺昌的祖父是清朝时的国子监太学生,二祖父是贡生,父亲贺雨亭弱冠之年即考取生员,后来又得中优等拔贡,学识渊博,母亲也饱读诗书。这样的家庭给了贺昌一个极好的起点,贺昌从小耳濡目染,聪明过人、不同凡响,5岁时便熟读《三字经》《百家姓》《千字文》《春秋》《孟子》等书籍。长大以后,书中岳飞精忠报国、班

第二章 壮大火种

贺昌

超弃笔从戎、林冲雪夜上梁山等热血故事,尤其被他喜爱。接触的人和书本越多,贺昌就越成熟;越早熟,他就越能深切地体会到整个社会面临的巨大问题。贺昌虽小,但也渴望着做一番救国救民的大事,像历史上那些著名的人物一样,匡扶正义、救民于水火中。

7岁时,贺昌进入柳林小学读书,功课之余,他总是带领着一群小伙伴们,念着"领兵元帅,为贺悟庵,为民除害,灭匪当先"。12岁时,贺昌又考入了离石县立高级小学,校址在今天贺昌中学文庙院内,贺昌的班主任刘菊初是一位具有民主主义思想的爱国知识分子,对贺昌产生了极大的影响。在这里,他结识了张叔平、田开疆、李燕熬等志同道合的朋友们,立下了"国家有难,就应挺身而出,即使牺牲,也不退缩;国难当头,大丈夫不做岳飞死,也做班超名震天下"的誓言。辛亥革命爆发后,贺昌的父亲贺雨亭先是宣扬新文化、呼吁乡里人剪掉长辫,后来又身体力行,创办公益煤窑。年幼的贺昌以父亲为榜样,挥毫写下《壮志歌》"扛罢笔杆再扛枪,经文纬武干一场。颈血常思敌国溅,寸心久欲报家邦。自古将相本无种,谁说好男兵不当。但得东风时与便,贺郎也不亚周郎"来表明自己的志向。虽然当时的离石反动政府严令学校当局禁止学生罢课，贺昌还是立即带领着学校进步师生一起组织罢课，走上街头宣传讲演，投身于反帝爱国运动的洪流中，声援北京等地的学生运动。他们还深入田家沟煤矿，对煤矿工人进行新思想的普及。到了假期，贺昌又带着王达成、杨逢昌、刘有刚、田开疆等进步青年返回家乡柳林镇，介绍北京学生反帝爱国斗争的情况，号召人民群众起来反对卖国条约，开展广泛的反帝爱国宣传活动。贺昌还写了一首"打倒列强！除军阀！努力国民革命！齐奋斗"的《行军歌》，促使更多的人参与到"打倒列强除军阀"的活动中来。

1919年6月的一天，当贺昌牵着一条头戴东洋帽子的哈巴狗在街头进行演讲，周围聚集着一批群众听讲的时候，县长贾占堂也戴着帽子、领着一群警察闯了过来，企图阻止群众的爱国活动。贺昌灵机一动，指了指身边戴帽子的哈巴狗，嘲笑贾占堂是假洋鬼子。贾占堂气急败坏，不知该如何反驳，只好溜之大吉，但从此视贺昌为眼中钉。到了农历八月，在离石一年一度的祭孔大典上，县长张宴林又在讲话中严厉指责贺昌等进步师生的爱国行动越出了校规，有辱孔圣人，要开除他们。贺昌毫不畏惧，从队伍中走出来，责问张宴林："你身为离石的父母官，不为人民着想，现在帝国主义列强妄图瓜分我们国家，国难当头，我们反抗帝国主义的侵略，你为什么要镇压？这说明你不是离石人民的父母，是离石人民的罪魁！"话音一落，进步师生们立即高呼：打倒帝国主义！打倒帝国主义的走狗！队伍陷入了混乱。10月间，贺昌等人看到县城南关药王庙唱戏的会场里，张宴林的警备队正在调戏妇女，他们立即组织起来，手拿砖头、石子和警备队打了起来，把警备队打得落花流水。寒假期间，回到柳林的贺昌又和当时在外地上学回家的进步学生们一起组织起来，深入附近的煤窑和村庄，用身边鲜活的例子、用自编自演的形式，排演成戏剧，逢集会人多之际演出，并且进行各种演讲，宣传进步革命思想，在劳动人民中引起了很大反响。

1920年，14岁的贺昌考入山西省立第一中学校，文章还被当成范文传到了阎锡山手里，得到了他的赞赏。然而，在这座当时山西的一流学府，贺昌深深地感到自己理论和知识储备的不足，开始如饥似渴地学习，并在自己的文章里表示："吾愿吾辈可努力前进，德也、功也、言也，苟能立一于天下，则可身死而名存。"在省立一中，贺昌先是和王振翼结为好友，共同编辑了《平民》周刊；紧跟着又认识了学长高君宇，成为山西第一批青年团员之一。等到王振翼从省立一中毕业、考入清华大学留美预备部之后，贺昌成为青年团的实际领导人。山西这时还没有建立党组织，太原团地委承担了党的许多工作，形成了"由团代党"的特殊局面。1922年6月，太原的青年团员已经发展到41人，建立了7个团支部，根据团中央第一号通告精神，太原团组织选举成立了太原社会主义青年团执行委员会，并于7月改称中国社会主义青年团太原地方团执行委员会，年仅17岁的贺昌被推选为太原团地委书记，担负起领导山西青年革命运动的重任。9月下旬至10月间，贺昌在京由高君宇、邓中夏介绍由团转党后，于10月30日被增补为团中央执行委员；11月至12月间返回太原指导山西青年运动，成为团中央驻外委员和5位执委中最年轻的一位；并于12月24日当选为太原团地委第二届执委会书记，带领着青年团从思想传播、革命斗争、工人运动等方面进行了一系列轰轰烈烈的活动。团中央认为："太原是唯一的与中央有

山西省立第一中学校

较密切关系的地方团。"

早在1921年8月,贺昌和王振翼等人就集资成立了"晋华书社",大量出售和翻印进步书籍。后来,贺昌又发起了青年学会,成立了平民小学、平民夜校,主要面向广大群众进行文化普及、召集工人领袖秘密聚会,影响越来越大。1922年5月1日,贺昌负责编辑出版了《五一特刊》,这一特刊围绕无产阶级的历史使命和无产阶级革命的一系列问题加以阐述和评论。在《发刊的旨趣》中,贺昌

第二章 壮大火种

号召:"无产阶级的同胞们,醒来吧!组织起来!联合起来!同盟罢工是达到我们目的的唯一方法!"针对当时帝国主义列强利用宗教活动愚弄群众,散布所谓"上帝主宰一切,祸福穷富命中注定"的滥调,贺昌撰写了《认清我们的仇敌——基督教》和《庆贺劳动者的大团结》两篇文章,前者揭露基督教的本质"完全是帮助资本家掠夺劳动者,扶持资本家压迫劳动者,欺骗一般无知的笨东西"。后一篇文章则是为庆贺全国第一次劳动代表大会的召开而写的。

同月,在贺昌的领导下,太原大国民印刷厂举行了罢工斗争,这场罢工是山西工人运动的开端。大国民印刷厂是一个只有60多人的私营企业,工头彭太仁是资本家的忠实走狗,对工人百般虐待。针对这种情况,贺昌起草了《罢工宣言》和《告群众书》,组织团员和进步学生四处散发,并在5月16日,发动全厂工人罢工。17日,贺昌等人根据事先的安排,一面召集全市印刷工人在纯阳宫集会,号召大家团结起来,举行同盟罢工,声援大国民印刷厂工人的斗争;一面采取合法的斗争形式,呈请太原市公安局,批准成立印刷工会组织。但由于反动当局的干涉,印刷工会组织未能成立,同盟罢工也没有实现,这次罢工以失败告终。同年9月,贺昌又领导太原制革厂工人举起了罢工,这次罢工由于做了周密的准备,事先成立了工会组织,最后取得了胜利。贺昌从两次斗争中认识到,工人阶级只有团结一致,成立工会组织,斗争到底,才能取得胜利。针对当时阎锡山对马克思主义学说传播的钳制,1922年10月15日,贺昌又在团中央机关刊物《先驱》上发表文章《太原的青年团体》,猛烈抨击:"在我们山西,书报往来,常被检查扣留;印刷出版等物,时常禁止递送;集会结社,无时不受干涉;学校受制于军阀,灭绝个性，纯讲服从。"

随着省立一中革命运动的开展，阎锡山逐渐意识到这所革命的摇篮对自己统治的巨大威胁，撤掉了原来的许多进步教师，让自己的心腹魏日靖来当校长。魏日靖上任以后，以种种借口，故意刁难进步学生，对学生严加管制，并采取每星期考试制，不及格者留级，违反校规者开除，以此来捆绑进步学生的手脚。1922年暑假考试时，校方故意出难题，致使200多名该升级的学生未升级，十几名应届毕业生未毕业，而这些学生多数属于政治上进步的学生。阎锡山和魏日靖的倒行逆施，引起了共产党人和进步青年激烈的反抗。

9月初，省立一中开学后，贺昌、刘廷英以青年学会的名义召开学生大会，揭露魏日靖打击、限制学生参加政治活动的劣行，号召学生罢课，并通过了罢课宣言，提出了"反对封建独裁""要求政治活动自由"的口号，要求当局撤销魏日靖的校长职务。刚考入省立一中的彭真，就碰到了这场驱逐校长的活动。会后，贺昌发动学生到省教育厅请愿，派出十多名学生代表去和省教育厅谈判，结果，省教育厅不但没有答应学生的要求，还将学生代表扣留了一夜。面对当局的蛮横行径，贺昌等人将魏日靖赶出了校门。阎锡山得知此事后，立即逮捕了刘廷英等19名驱赶校长的学生。但学生们没有被他们的暴行吓倒，反而将逮捕者关在了校长室，一致要求释放被捕学生。阎锡山又增派一个步兵营将一中包围起来，企图胁迫学生屈服。广大学生在贺昌的秘密指挥下，手执棍棒，与军警对峙了三天三夜。就在这时，贺昌得知北洋军阀政府外交官将要陪同英美等国公使来太原参观的消息，他便调整了斗争策略，组织大家趁着公使到来的时候进行游行，阎锡山害怕影响不好，无奈只得答应了同

第二章 壮大火种

学们的要求，罢免了魏日靖，这次斗争取得了绝对性的胜利。

在与军阀正面斗争的同时，贺昌还积极发动和领导群众斗争。1922年10月，贺昌又领导太原团地委发动了省城人民争取民权运动，并在市政公所门前召开太原民权运动大同盟成立大会。正太铁路总工会太原区分会成立后，他又兼任区分会秘书。12月，正太铁路工人举行全线总动员，他领导太原铁路工人响应并取得了胜利。1923年2月，京汉铁路工人运动大爆发，他又领导太原铁路工人积极响应，各种活动在他的领导下如火如荼地开展着。

随着他的名声越来越大，阎锡山当局开始监视、跟踪他。1923年初，在一群特务的追赶中，一个背影不慌不忙地走进了太原火车站，登上了一列开往北京的机车。过了一会儿，一个年老的旅客和一位年轻的"车长"从车长室走了出来，年老的旅客去车厢寻找座位，年轻的"车长"走下了车厢，准备发车。特务们看到他，马上围了上去，喝问："车长，你车里有赤党，你知道吗？""车长"很惊讶地回问："什么是赤党？"特务们看他不懂，一把推开他，上车搜查，可是根本没有搜到他们想找的年轻党员，只得重新跳下了车，悻悻而去。"车长"上了车，车子开动，那位年老的旅客也跟着进了车头，紧紧握住"车长"的手说道："久闻你的大名！""车长"摘下了帽子，向"旅客"道谢："是的，我就是贺昌。谢谢您的配合！"原来，车长早听说过贺昌的事迹，这次有特务追他，就脱下了自己的衣服，让贺昌穿上了制服顶替自己，自己则变身成年老的旅客，让贺昌成功地摆脱了特务的追踪。

少年贺昌从此离开了山西，先到北京任团中央机关刊物《先驱》发行主任，后来又接任团中央经济主任。1923年秋，贺昌踏上了去上海的渡轮，从此开始了职业革命家的生涯。离开了山西的贺昌，成长得越来越快，1927年4月27日至5月9日，中国共产党第五次全国代表大会在武汉举行，年仅21岁的贺昌被选任为中央委员，成为中共党史中年龄最小的当选者。中央红军主力长征后，任中央军区政治部主任的贺昌留在赣南坚持游击战争。1935年3月，贺昌率部向粤赣边突围，10日于江西会昌河畔遭国民党军伏击，与时任赣南省委书记阮啸仙等人壮烈牺牲，年仅29岁。

　　为了革命事业，贺昌牺牲了很多很多，与深爱的妻子不能相聚，唯一的儿子送人抚养，甚至献出了自己的生命……可就是这样坚守着革命信念，坚持着舍小家为大家，他短暂的一生才有了巨大的成就，他的丰功伟绩，也最终幻化成燃烧的火炬，照亮了无数共产党员前行的道路。

革命的先锋斗士

张叔平是山西最早的共产党员之一，在省立一中学习以及在太原担任中共太原支部书记期间，就以革命先锋斗士的姿态，同各种黑暗势力进行着斗争。1925年底，张叔平按照党组织的安排来到上海后，以报馆记者的公开身份先后担任杨树浦部委书记、浙江省委组织部部长兼工人部部长等职，灵活运用各种革命斗争的方法，同反动派进行周旋，将革命的火种播撒到了全国各地。

火种传承:百年山西红色记忆

  如今我们在机场、火车站、游乐场等地常常看到的行为艺术"快闪",在20世纪战争年代也有叫作"飞行集会"的类似情形,革命者们会选择人群集中的地方,用三五分钟的时间做公开演讲宣传,然后立即飞快地离开,以免遭受敌人逮捕。

  1926年5月30日,五卅运动一周年的这一天,在上海南京路就上演了这么一幕,巧妙地震慑了敌人,鼓舞了斗争士气,留下了一段工人运动的精彩故事。

  这天一大早,在上海南京路百年老字号沈大成点心店楼上,来了两位器宇轩昂的年轻人,两人靠窗就座,叫了一壶茶,一碟点心,谈笑风生。店里的人各忙各的,也没人注意到他们。不一会儿,街上的人越来越多,熙熙攘攘的南京路又开始了一天的繁华。其中一位男子看看怀表,趁着没人注意,从桌子上拿了块布,轻轻朝楼下挥了挥,忽然之间,刚才还看似闲逛的人群迅速集中起来,奔向永安公司门口的一辆电车,高呼反帝口号,庞大的队伍立即把交通堵塞得水泄不通。很快,远处传来了警笛声,英国巡捕大队赶来了。电光石火之间,沈大成二楼刚才挥着布的男子又吹了一声响哨,示威队伍立即向四处散开,还没等其他客人反应过来,这两人也立刻下楼离开。等英国巡捕赶到的时候,方才还喧闹的一切都已恢复如常,英国巡捕人影也没逮到,只得无可奈何地打道回府。

  这就是杨树浦地区工人为纪念五卅惨案一周年、按照共产党的部署举行大规模示威斗争"飞行集会"的真实情景。在南京路最热闹的地方举办这种示威游行,既打击了敌人的嚣张气焰,又确保了同志们的安全。沈大成楼上的两位男子,一位是杨树浦工人运动的

第二章 壮大火种

张叔平

领导人顾作霖，一位就是这次"飞行集会"的指挥，时任中共杨树浦部委组织部部长的张叔平。

张叔平原名张秉铨，是吕梁方山县大武镇人，也是山西最早的共产党员之一。他从小家境贫寒，8岁时，父亲不忍心看着这个聪颖过人的孩子在家务农，想办法借了些钱，把他送进了村里的私塾。知道上学的机会来之不易，张叔平异常勤奋刻苦，但还是在14岁那年因为家贫而辍学了。切身感受到社会的不公，又亲眼看到此时焦四则、海泉则在方山领导的倡导抗捐抗税、除暴安良的农民起义，年少的张叔平也在心里立下了拯救天下的人生志向。

1914年，在亲友的资助下，张叔平得以进入离石县立高等小学，重返校园。学习之余，张叔平和志同道合的同学们一起，编印传单、书写标语、发表演说，动员人民起来参加反对袁世凯卖国求荣的斗争。3年后，他考入山西省立第一中学校，开始接触到《康梁文钞》《孙文学说》《章太炎文集》等具有民主革命思想的书籍。随后又在高君宇的影响下，和贺昌、王振翼等人一起探索救国救民的真理；组织参与五四运动，协助雷梦麟将原来天津《大公报》太原分馆改组为觉民派报社；同时和同学们在太原筹资开设文具书报贩卖部，在离石城内开办觉民书社，除代销本省各报及《申报》《大公报》《新闻报》等京津沪及中国香港、新加坡等地的报刊外，还秘密翻印和销售《共产党宣言》《资本论入门》《俄国革命纪要》等马克思主义书刊，传播反帝反封建的革命思想。

与此同时，他还积极协助同乡好友任定国在大武镇办起了方山县第一座高级小学。

1921年，张叔平考入山西公立法政专门学校，并于1923年加入社会主义青年团。1924年，张叔平被选为青年团太原地委委员，同年夏天被吸收为中共候补党员，和侯士敏、李毓棠、潘恩溥等组成了太原第一个党小组，随后又担任中共太原支部书记，以革命先锋斗士的姿态，同各种黑暗势力进行着斗争。

当时，晋南以景梅九、张应川等为首的无政府主义者影响很大，为了宣传马克思主义，张叔平派傅懋恭（彭真）前往晋南，在思想上、理论上为晋南党组织的创立和发展打下了基础。他还专程前往汾阳指导工作，吸收了一批先进分子，成立了汾阳地下党支部，在短短一年时间内，晋南、晋中、晋北等十余个县先后建立了党的基层组织。

孙中山去世后，为了促成国内统一战线的建立，张叔平又在1925年秋天促成了山西省第一次国共合作，推动了国民党山西省临时党部的成立。1925年春，阎锡山为了维持反动统治，借口抵御冯玉祥、胡景翼国民军，在保境安民的幌子下，大肆扩充军备，将晋军由2个旅扩充为4个旅，年度财政预算由700万元猛增到2000万元。为了这笔增加的军费，阎锡山决定在山西全省按"值百抽九"的税率征收农村房税，下边的各级贪官污吏趁机横征暴敛，这给本来就被各种苛捐杂税压得喘不过气来的老百姓增加了沉重的负担，一时间民声沸腾，怨声载道。张叔平召集其他同志，在党团组织动员会议上尖锐地指出：反房税斗争是关系到全省千家万户切身利益的事情，不仅可以打乱阎锡山扩军备战的计划，也可以减轻农民的负担。因为傅懋恭、纪廷梓、潘恩溥等人分别担任省立一中、进山中学和法政专门学校学生会主席，又都是省学联成员，张叔平决定由他们出面组织，通过省学联，推举学生代表前往督军府请愿。然而，面对大家的请愿，阎锡山断然拒绝。

在张叔平的领导下，1925年5月18日，太原市各校学生又一次聚集在文瀛湖公园，罢课游行，捣毁了为虎作伥的省议会、省政府秘书长贾景德等3个贪官的公馆，接着集体前往阎锡山督军府请愿。这一次，面对群情激昂的学生大军，阎锡山无可奈何，当场下达了取消房税的手令，反房税斗争取得了胜利。

1925年5月15日，上海日商内外棉纱厂日籍职员枪杀工人顾正红，中共中央召开紧急会议，决定发动一次抗议帝国主义屠杀中国工人的运动。5月30日下午，上海学生2000余人到租界内进行演讲，声援工人斗争，号召收回租界。近百名学生被租界巡捕逮捕，万余群众集中在公共租界南京路巡捕房，要求释放被捕学生。英国巡捕开枪屠杀群众，打死十余人，打伤多人，逮捕数十人，造成了震惊中外的五卅惨案。五卅惨案发生后，上海人民在南京路上举行更大规模的反帝游行示威。为声援上海，张叔平团结山西各界人士一起组成了太原市民沪案后援会，召开了数万人的群众大会，决定

"与英日经济绝交""募捐援助上海罢工工作",多所大中小学的师生们宣传演讲、募捐款项,先后募集到14000余元,汇往上海支援爱国同胞。张叔平还和纪廷梓一起创办了《铁血周报》,公开介绍马克思、列宁等无产阶级革命领袖及马克思主义。在发刊词中,张叔平特别指出:"本刊出世的缘因,就是要本着天良来发表正论,撕破帝国主义的黑幕,唤醒全国民众,大家准备实力,和侵略压迫我们的帝国主义宣战。"随后,太原市民沪案后援会又改组为山西各界为帝国主义惨杀同胞雪耻会,推选张叔平为主席,《铁血周报》改为《雪耻周报》,张叔平任主编。9月18日,在张叔平的主持下,山西雪耻会在新华舞台举行市民大会,通过了反对段祺瑞政府和声讨张作霖压迫工人学生的通电,把山西革命运动推向了新的阶段。

早在1924年4月,中共中央工会运动委员会负责人邓中夏在沪西、沪东、浦东、吴淞、南市、闸北、虹口陆续开办了10多所平民学校。蔡和森、向警予、杨之华、恽代英等亲自讲课,向包括女工在内的工人讲解马克思主义的基本知识,启发他们的阶级觉悟。到1925年1月,上海工人党员大幅度增加,党的组织也从小组建制改为支部建制,为迎接新的工人运动的高潮准备了条件。五卅惨案之后,全国革命高潮出现。这一年年底,张叔平按照党组织的安排来到上海,先后担任杨树浦部委书记、组织部部长、书记,公开身份是报馆记者,将革命的火种播撒到了上海各区。他和老怡和纱厂女工、团员范介宝假扮为夫妻,与范介宝的姐姐和姐夫一起组成一个家庭,住在华德路(今长阳路)斯文里,开展秘密工作,成为第一次国内革命战争时期在中共杨树浦部委担任领导工作时间最长的一位领导人。

第二章 壮大火种

张叔平故居

在上海,张叔平更是成为革命斗争的先锋,用多种多样的形式同帝国主义分子和资本家开展着激烈的斗争。除了"飞行集会"这种斗争形式,五卅运动一周年时,张叔平还发动老怡和纱厂工人进行罢工,恰逢当年纱价下跌,资本家以关厂威胁工人,罢工出现僵局。张叔平当机立断,选派富有斗争经验的张维桢前往恒丰纱厂,组织该厂工人罢工声援、揭露恒丰资本家操纵的"两湖同乡会"的阴谋,使这个帮派瓦解,恒丰纱厂资本家不得不接受了工会提出的11项复工条件,并放了5万响鞭炮欢迎工人复工。

恒丰纱厂的斗争成功之后,张叔平又指示张维桢组织一批恒丰纱厂工人到老怡和纱厂,与老怡和团支部书记王根英(后为陈赓将军之妻)一起开展斗争。老怡和纱厂的工人以木棒、铁棍和斧头为武器，把阻碍罢工的包工头痛打了一顿。最后，英国资本家不得不接受了工人们的部分复工条件，罢工赢得了胜利。

当时上海的帮会流氓很厉害，有一次，两个帮会流氓闯入新怡和纱厂工会，打了工会负责人丁振华两巴掌，并威胁工会要屈从包工头的势力。知道这一情况后，张叔平派人和流氓头子约好在韬朋路一家茶楼吃"讲茶"。流氓头子以为张叔平服软，得意扬扬地来了，没想到张叔平通知老怡和纱厂发动近百名工人，手拿铁棍到达茶馆。面对比自己人数多出不知多少倍的工会组织，流氓头子慌了，放低姿态请张叔平讲和，张叔平让他们向丁振华道了歉，放了鞭炮赔礼。此事之后，帮会流氓再也不敢欺负工会了，大大提高了工会在工人中的威信。

张叔平引导下的斗争一再胜利，引起了帝国主义分子极大的愤恨，革命斗争遭到了他们的疯狂反扑。

1926年10月24日，在上海工人第一次武装起义时，中共杨树浦部委组织了六七十名工人埋伏到香烟桥警署周围，但终因准备不足失败。1927年1月，上海总工会在榆林路电车工人俱乐部召开会议，准备发动第二次武装起义。不料，会议开到一半时，被巡捕房密探告密，与会的百余名干部毫无戒备，全部被敌人抓获。当时张叔平正巧在窗边坐着，他当机立断跳窗而出，冲出敌人的包围圈，立即展开了营救被捕同志的工作。他首先将情况告知所有的工会组织，然后由各工会向资本家施加压力，让他们前去保释被捕的工会干部，否则就进行全市总罢工。在工会的强大压力下，资本家纷纷出面让巡捕房放人，当晚9时，所有的工人领袖全部获释。第二次武装起义失败后，在周恩来的指导下，张叔平积极组织领导训练出

第二章 壮大火种

了一支武装纠察队的骨干力量,自己也练出了双手打枪的本领,在随后发动的上海第三次武装起义中做出了巨大的贡献。

可惜的是,就在张叔平领导的革命斗争进行得如火如荼时,1927年,蒋介石发动"四一二"反革命政变,大肆捕杀共产党人,各地党组织都遭到严重破坏。为了保存革命力量,6月,张叔平被中共江浙区委调往杭州参与筹组浙江省委。浙江省委正式成立后,张叔平担任了组织部部长兼工人部部长。他一方面积极开展工作,整顿各级组织;一方面亲自主持制订了"以恐怖还恐怖"的行动计划,选调党团骨干和工人纠察队中的积极分子,组成"红色恐怖团",惩处了大批国民党反动分子和无耻叛徒。一时间,群众深受鼓舞,敌人胆战心惊。

张叔平的工作遭到了国民党反动派疯狂的报复,在叛徒的出卖下,张叔平和已结为夫妻的范介宝及其妻姐不幸被捕。敌人对张叔平严加审讯,施以压杠子、坐电椅、灌辣椒水、上老虎凳等各种酷刑,打得他遍体鳞伤,还压断了他的双腿。但无论他们怎么严刑拷打,张叔平都没有吐露半点关于浙江省委的信息,只说自己是普通工人,来杭州只是携眷游玩。在党组织的积极营救下,范介宝姐妹很快出狱。然而,由于叛徒葛耀祖的指认,张叔平的身份再也无法隐瞒,党组织的各种营救努力均告失败。

1928年1月28日凌晨,张叔平和其他7位革命志士被敌人押赴刑场。面对残暴的国民党官员,张叔平从容地说:"野火烧不尽,春风吹又生。共产党人是杀不尽、斩不绝的。为共产党的事业,哪怕上断头台;为劳苦大众的解放,哪怕背十字架!"恼羞成怒的监刑官喝令刽子手将张叔平拉到墙边,用早已准备好的8寸长钉,分别钉进了张叔平的双手双脚,张叔平奋力高呼"打倒国民党反动派""中国共产党万岁",气绝而亡,壮烈牺牲。

年仅31岁的革命前锋张叔平,就这样将革命的火种从三晋大地带到了更远、更广的全中国,用生命谱写了一曲不朽的壮歌。如今,在方山县张叔平故居不远处的山上,巍然耸立着一座丰碑,上面"幽燕传英名沪浙抗蒋庭　铁骨镇鬼蜮热血染杭城"的碑文,正是铁骨铮铮的张叔平一生最好的写照。

七进监牢不改初心

山西最早的共产党员之一、山西最早宣传马克思主义的刊物——《平民》周刊创始人、中共山西地方党组织主要创始人之一王振翼,毅然放弃了赴清华大学留美预备部的学习机会,坚守着对共产主义的热爱,投身于革命工作之中。虽然他曾经先后7次被捕,但每一次获释后,王振翼都会说,"我活着就是要干革命的,坐牢也是为了干革命",继续奔波在革命工作的最前沿,直到生命的终点。

在漫长的革命斗争中，许多共产党人都曾经被关进过敌人的监狱，有些人经不起严刑拷打叛变了，有些人饥寒交迫在狱中去世了，大部分人最后都靠着坚定的信念和顽强的意志走出了牢笼，继续在为梦想奋斗的道路上前行。

山西最早的共产党员之一、中共山西地方组织主要创始人之一王振翼，就曾先后7次被捕，但每一次获释后，他都会说"我活着就是要干革命的，坐牢也是为了干革命"，继续奔波在革命工作的最前沿，直到生命的终点。

1901年8月，王振翼出生在山西省大同市天镇县一个地主家庭。大同位于山西北部，古称燕赵。因地处边塞，战争频发，造就了这片土地上世代相传的侠义之风。自古燕赵多慷慨悲歌之士，数千年前，荆轲唱着"风萧萧兮易水寒，壮士一去兮不复还"绝尘而去；近代李大钊亦写下"铁肩担道义，妙手著文章"毅然赴死，这种为了正义和梦想视死如归的勇士精神，一直在影响着一代又一代的后来人。

从今天残存的王振翼故居宽阔的院落和房屋中，依稀可以看到当年王家这个大户人家的风采。富裕的生活让王振翼从少年时代起就接受了当时最好的教育，良好的教育也让他清醒地认识到中国社会的问题，并立志要对其做出改变。在阳高第二高等学堂毕业考试时，王振翼就曾在作文《变法论》中提出："外国列强，当朝昏庸，百姓煎苦，是改朝换代的时候了。"

1917年，王振翼以优秀的成绩考入大同省立第三师范，因为担任省议员的叔父王相图的关系，没过多久，他就被转学到了省城太

第二章 壮大火种

王振翼

原当时最好的中学——山西省立一中。

优秀的王振翼很快就在学校脱颖而出,五四运动时,王振翼任省立一中学生会主席,为响应北京的学生运动,他立即组织同学参加罢课、示威游行等活动,还以山西学联领导人的身份联合大同的省立三师、第三中学、第五女师四五百人成立了大同学生联合会。随后,在上海举行的全国学生联合会成立大会上,王振翼结识了在北京大学学习的一中校友高君宇,共同的理想和追求让两人一见如故,开始了一起前行的革命友谊。

在高君宇的帮助下,王振翼在北京高君宇的住处阅读了《共产党宣言》《共产主义ABC》《新社会观》《资本论入门》《列宁传》《俄国革命纪实》等进步书籍,了解了马克思主义,牢牢地树立了共产主义思想。回到山西后,王振翼意识到,山西也应该办这么一份刊物,用来传播这些先进的理论,播撒革命的火种,唤起更多人的觉醒。于是,1919年夏天,王振翼在山西学联骨干碰头会上提出了这个方案,大家一致同意。说干就干,经过多次讨论后,刊物定名为《平民》周刊,开始筹备创刊事宜。这一时期,王振翼在给学长高君宇的信中提到，希望高君宇这位北京学联主要负责人之一的同乡、校友能够给予《平民》周刊大力帮助和指导。高君宇立即复信，表示十分赞成，就办刊宗旨、目标、意义等重大问题谈了自己的想法，并鼓励他们把《平民》周刊办好，在三晋大地上开拓一个宣传革命思想的阵地。

在高君宇的指导帮助下，1919年8月，《平民》周刊创刊号终于问世了。在发刊词中，王振翼写道，该刊以"为人民奋斗"为宗旨，以"不断地以山西实况报告世人，代人民呼号，且不断地将世界新思潮输入娘子关内，供给晋民以奋斗有效的途径"为旨归。高君宇收到创刊号后，对他们进行了鼓励，把这一进步刊物分送给邓中夏、黄日葵、张国焘、罗章龙、刘仁静等同学，请他们提意见，同时，高君宇还把北京的《国民》《新潮》等刊物寄给王振翼，并经常写信指导他们，以开拓他们的办报思路。

1921年5月1日傍晚，在省立一中旧制13班教室，太原社会主义青年团成立并组建第一个团小组，王振翼当选组长，《平民》周刊被定为团机关刊物，开始大力宣传马克思主义和无产阶级革命的主张，揭露阎锡山的反动统治，鼓舞人民群众的革命斗志，在传播新思想、新文化，进行共产主义启蒙教育，引导山西青年走上无产阶级革命道路等方面，起了极其重要的作用。就在团组织成立的第4天，王振翼还带领团员们以纪念"五四"两周年为由，秘密印刷《共产党宣言》2000余份，趁夜分四路秘密散发到太原的大街小巷。同年10月，王振翼又发起建立青年学会，由贺昌、刘廷英负责并出版其他相关刊物。

王振翼经常在《平民》周刊上写文章揭露反动当局残酷剥削人

第二章　壮大火种

民的黑暗统治，宣传民主思想，披露人民疾苦，他曾在《模范督军统治下山西之概观》一文中写道："吾人于北平知山西全省金融已为阎氏一人操纵，省银行发行纸币，吸收全城现金，供彼扩充军备实保持地盘外，肥了阎氏及他外戚（徐一清等）的腰包，而与山西工商业之发达无补也。山西平民愈陷于水深火热之境，将不堪其苦矣！"激烈的思想和先进的理论让该刊被称为"晋民喉舌"，打破了省立一中固有的"论学科注重读经，论校规注重道德"的迂腐沉闷空气，备受山西青年知识分子和群众的喜爱，也让阎锡山当局大为头痛。

在王振翼和《平民》周刊的启蒙下，社会主义思潮就像一股势不可当的洪流，迅速冲向了三晋大地。阎锡山炮制的大杂烩理论"用民政治"受到进步青年的抵制，宣传孔孟之道的"洗心社"逐渐无人问津，强令学生参加的每周"自省"集会被迫取消，拯救学校的计划也无法进行。阎锡山深感马克思主义的传播势必威胁他在山西的统治地位，在继续推广反动言论的同时，对宣传社会主义的积极分子，开始了一系列的打击活动。

从1919年起，阎锡山陆续邀请了一些名人到太原来"讲学"。首先是学者胡适行动在前，接着是宣扬无政府主义的江亢虎紧步其后。一时间，欧美资产阶级哲学和无政府主义在太原大地上沉渣泛起。为帮助青年们厘清思想，胡适、江亢虎来太原发表演讲后，《平民》周刊连续发表各界不同人士的文章，对胡适、江亢虎的论调严加驳斥。

王振翼还以"虎啸"为笔名，发表了一系列有理有据、犀利泼辣的文章，令山西各界大为震动。阎锡山看到该文，当即下令查封了《平民》周刊编辑部，并追查"虎啸"为何人。当局很快查知"虎啸"实为王振翼,随即派人对他的革命活动进行秘密监视,还企图拉拢王振翼。阎锡山先是指使省立一中校长张璞出面进行规劝,王振翼不为所动。碰了钉子后,校方又请来了王振翼在省议会当议员的四叔和在晋军中当团长的胞兄王振恩前来劝说。他们软硬兼施,双管齐下。王振翼不但不听,反而据理力争。最后,王振恩下了最后通牒,威胁说:"我给你钱让你读书,不是让你给我惹事。你不放弃《平民》周刊,我就断绝你的经济来源。"王振翼则十分坚决地回答:"就是断绝了我的经济来源,我也不会放弃《平民》周刊。"

尽管王振翼态度坚决,但《平民》周刊在太原刊出了78期以后还是被迫停刊了。王振翼心急如焚,不顾危险偷偷跑到北京和高君宇商量对策。高君宇决定改变《平民》周刊的办刊方式,同时经由组织决定,让王振翼离开山西,防止阎锡山的继续迫害。适逢毕业,王振翼以第一名的成绩被清华大学留美预备部录取,这是多少学子梦寐以求的难得机会,赴美留学的一定全是精英,留美回来前途一片光明。但是,为了追求他自己选择的人生信仰——共产主义,王振翼主动放弃了这一学习机会,决定全心全意地投身于革命工作之中。

1921年底,王振翼奔赴北京,《平民》周刊也随之转移至北京,变刊名为《山西平民》,并特别强调了两个努力的方向:"第一,唤醒民众之工作不仅要在政治上做指导,在思想的革新上亦需要吾人之努力,故《平民》今后除批评政治之外,将注意于文化的宣传,扫荡一切不准科学的因袭观念,及弥漫社会的昏乱思想,使吾民再勿为旧的奴隶观念所桎梏。""第二,本刊是注重在山西的,但同人不是'区域主义'的信奉者,同人且深知山西问题是不能离

第二章 壮大火种

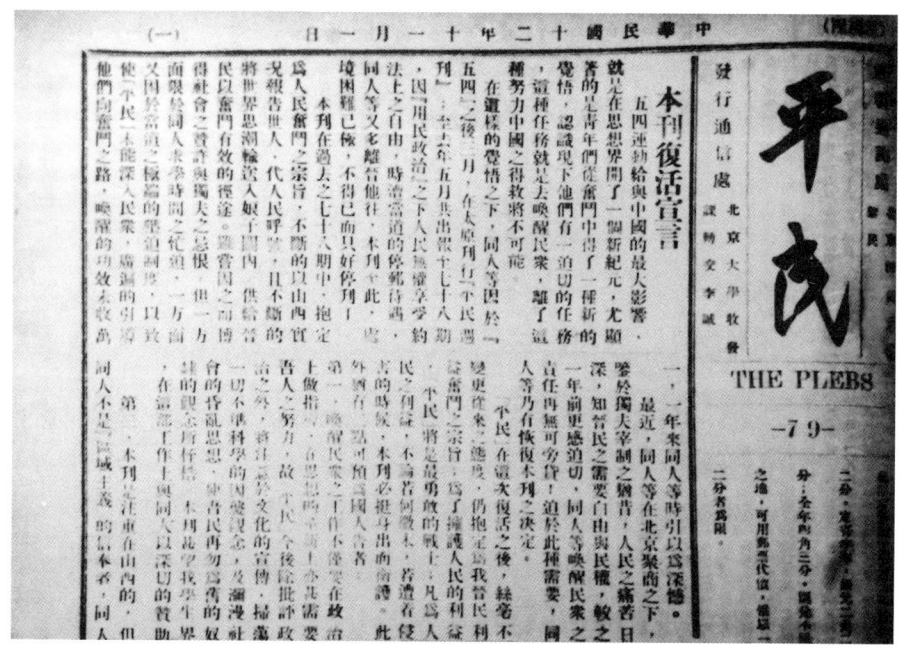

《平民》北京复刊

开中国解决的……吾人民之间实有一种不以省为界的共同利害。为此之故，《平民》今后将努力于此奋斗势力间之沟通，使联合成一种人民的全国的不可侮的团结，唯有这种武器才能使我们除去在下的痛苦。"可以说，较之以前，这本刊物涉及的内容更广、范围更大、高度更高。

在重版后的79期头版上，王振翼还刊发了"本刊复活宣言"，并通过铁路工人秘密运回山西发行，宣布这一轮斗争的胜利，公开向阎锡山宣战。此后，《山西平民》周刊又继续办了4年，直至1924年4月才正式停刊。作为山西第一份由信奉马克思主义的进步青年所办的进步期刊，它得到了许多人的赞许，也遭到了反动派的嫉恨。总体而言，这本刊物为山西社会主义青年团及共产党组织的建立做了思想上、舆论上的准备，犹如革命的火种，引领一批青年走上了信仰马克思主义、追求共产主义的道路。

1921年秋（一说为1922年），当时作为北方工人运动领导中心的中共北京大学支部，对王振翼的出身、历史和工作、斗争表现，进行了全面考察，决定批准他为中共党员，任职于中国劳动组合书记部北方分部，负责北方大中城市工人运动，兼管全国铁路总工会工作，王振翼从此成为山西省最早的共产党员之一。

加入中国共产党后，1922年1月，王振翼与高君宇一起赴莫斯科，出席共产国际召开的远东人民代表大会，受到列宁接见。5月5日，王振翼参加社会主义青年团第一次全国代表大会，会后返回山西领导太原大国民印刷厂工人罢工斗争。

1923年，王振翼参加著名的二七大罢工最高领导小组，罢工遭到镇压后，他被派往上海继续从事工运；6月12日至20日出席了在广州召开的中共三大，随后以团中央巡视员的身份指导青岛团组织，给出了高屋建瓴、清晰可行的路径："山东活动应以铁路为中心，以青岛为出发点。""胶济铁路工作应以四方机厂为起点，此处弄好，至于沿线如博山、淄川、坊子、金岭镇亦马到成功。此为山东精华区，（山东）有功成之望也。"然后，王振翼就一直奔波在追求真理的道路上，参与创建了中共蒙藏学校支部，创建了中共在察哈尔的第一个支部——京绥铁路党支部，成立了党组织在长城以北建立的第一个中共地方委员会、也是塞外党的核心堡垒——中共张家口地委，以及到京绥、京奉、京汉、道清、津浦及开滦、焦作等路矿从事工人运动，还参加了八一南昌起义，展示出了过人的才华。

在此期间，王振翼先后担任顺直省委常委、六大中央候补委员、中共满洲省委常委、省委职工运动委员会书记等职务,几进几出监狱,可始终初心不改。直到1931年2月16日,王振翼在天津从事党的活动时,因叛徒出卖,以"匪魁"之名被捕,继而被列为"要犯"转押至北平草岚子监狱,他的革命生涯才按下了暂停键。

在狱中,王振翼受尽敌人的严刑拷打,也始终没有出卖组织和同志;当年10月31日,王振翼终因"摧残冻饿"去世,狱中地下党为其秘密举行了追悼会。他虽然英年早逝,可短短的一生,一直在用行动实践自己"我活着就是要干革命的,坐牢也是为了干革命"的誓言,这样的人生,灿若星辰;这样的功勋,虽死犹荣!

必须结合工人运动

马克思主义是工人阶级的精神武器,工人阶级是马克思主义的物质力量。两者是以共产主义知识分子为桥梁而结合起来,产生无产阶级政党的。马克思主义创始人马克思和恩格斯本身即是在与工人阶级接触的过程中,从革命民主主义者转变为共产主义者的。在中国,共产党的诞生一直伴随着与工人运动的结合。

第二章　壮大火种

马克思主义认为，任何一个无产阶级革命政党的产生都必须具备工人运动和马列主义理论这两个条件。马克思主义是工人运动经验的总结，是为指导工人运动而产生的，只有和工人运动相结合，才能产生伟大的物质力量，才能产生共产党。

在中国，各地早期共产党组织成立后，就立即开始大力组织和开展各种类型的工人运动，同时创办了一批专门供工人进行马克思主义启蒙教育的刊物。上海有《劳动界》、北京有《工人月刊》、济南有《济南劳动月刊》等；邓中夏在北京长辛店、李启汉在沪西小沙渡分别开办了劳动补习学校；1920年11月，李中主持成立了共产党早期组织领导的第一个产业工会：上海机器工会，并出版了《机器工人》等进步书籍。

在山西，随着山西工人阶级的成长和觉醒，他们日益需要马克思主义这个强大的思想理论作为自己的武器。1920年春，在北京大学读书的高君宇受陈独秀委托回山西调查劳工状况。调查报告《山西劳工状况》在《新青年》1920年五一劳动节专号发表。文章提到了太原及大同的部分矿业工人、手工业工人、劳力工人、佣人、农村长工、农村短工，介绍了他们的劳动时间、工资待遇及生活状况，揭露了阎锡山当局及资本家对工人的剥削和压迫，形象地比喻工人的收入"比苍蝇的翅膀都薄"。同一时期，高君宇在《北京大学学生周刊》第14号上发表了《"五月一日"与今后的世界》一文。高君宇运用马克思主义的唯物史观，阐明了经济与政治的关系，指出："社会的种种组织都作根在经济组织上边。社会的争斗、压制、贫困……都是经济'不平'使然。"劳动人民要得到解放必须从根本上

晋华纺织厂

"把一切生产机关从资本阶级收归,按照自由共有的大义,建设新的经济组织",但要达到这一目的,就得首先"破坏政权"。以高君宇为代表的初步接受马克思主义理论的山西先进知识分子,从马克思主义传播和中国工人运动发展的形势中受到启发,开始逐步深入到山西工人中去,宣传无产阶级革命思想,把宣传教育工人群众和发动组织工人群众作为自己的一项重要任务。

1921年5月,太原社会主义青年团在省立一中的教室内成立。社会主义青年团的任务就是发扬党的优良传统,向社会做调查,"唤醒劳工",宣传革命。其中《敬告新选众议院议员书》,就是贺昌

第二章　壮大火种

利用每年回家探亲的机会，对社会调查后所写的报告："国家多故，于兹九载，虽其原因甚多，而议员之不良，其多故之病也……"青年团的宣传工作影响很大，许多受无政府主义迷惑的青年，都在他们的指引下，划清了马克思主义同无政府主义的界限，找到了正确的方向。如高长虹在北京办的无政府主义刊物《狂飙》，是由其弟高仰尉在太原散发的。后来，高仰尉接受了马克思主义，加入了社会主义青年团，拒绝为其兄推销《狂飙》，使无政府主义在山西传播丧失了市场。1921年10月，贺昌和青年团员刘廷英又在省立一中发起组织了青年学会，青年学会内设立了平民小学、成人夜校，出生于晋中，此时在山西公报馆当印刷工，后来成为中共晋绥分局第一地委组织部部长、山西省委书记的早期山西共产党人王世益，就在其中读书学习，领悟到了要为生存解放而斗争的革命精神。

1921年7月，中国共产党在上海法租界贝勒路树德里3号（今兴业路76号）一个狭小的房间成立。这时，与在中国政治舞台上纵横捭阖的各路政治力量相比，它看上去是那样的身形清瘦、势单力孤。它的成员只有区区50多人，但是，它的手中，却握着最有力的精神武器；它的心里，装着对马克思主义的坚定信仰。在马克思主义的感召和支撑下，先进的中国共产党人和中国人民一起，揭开了现代中国历史的新篇章！

1922年5月1日，太原社会主义青年团为纪念五一国际劳动节和庆祝太原团组织成立一周年，编辑出版了《五一特刊》。《五一特刊》是马克思主义在山西传播的重要文献，《发刊旨趣》中写道：本团从今起"与太原无产阶级亲密接近，一同计划作战"，号召"无产阶级的同胞们！醒来吧！不要怕资本家和他们的走狗威胁我们、压迫我们，只要我们团结得坚坚固固，为自己的利益奋斗，为新的社会奋斗，最后的胜利看谁得着"！这一期还登载了其他十篇文章，促进了广大山西工人阶级的觉醒，为即将发生的工人运动做了思想和理论上的铺垫。随后，太原团地委发起了太原大国民印刷厂罢工斗争，成为山西工人运动的开端，紧接着又进行了太原皮革厂大罢工等革命活动，其他地方的工人运动也轰轰烈烈地开展起来。

1922年7月，在共产党员何孟雄的领导下，京绥铁路工人成立了京绥铁路车务同人会，总会设在张家口，大同设分会。同年10月，同人会发动了一系列罢工斗争。10月8日，正太铁路工业研究会传习所成立，正太路太原段、阳泉段工人也成立了传习所。12月，正太铁路工业研究所根据全国铁路工人代表会议指示，改为正太铁路总工会，原石家庄、阳泉、太原3个传习所改为3个区分会，太原地区为第3分会。12月15日，正太铁路总工会发动全线总同盟罢工，并发表《宣言》，提出增加工资、实行八小时工作制、承认工会合法地位和改善工人劳动条件等要求。1923年2月，正太铁路总工会发起了支援京汉铁路"二七"大罢工，斗争失败后，正太铁路总工会太原、阳泉分会遭到阎锡山当局查封。

这些早期的工人运动虽然都失败了，但是却展示了马克思主义与山西工人运动结合的伟大力量，标志着山西工人阶级已经实现了由自发斗争向自觉斗争的根本转变。在斗争中，一批工人骨干参加了党团组织。之前经常在贺昌的成人夜校听课的王世益，就在大罢工斗争中迅速成长起来，接受马克思主义的熏陶，于1922年4月经李毓棠介绍加入了中国社会主义青年团，任青年团太原第四支部书记。在9月的大罢工中又被选为青年团太原地方执委会执行委员、

第二章 壮大火种

工人运动部主任。后来,彭真同志在回忆山西建党初期的一些情况时,特意提到:我们太原党团组织有个好传统,那时候决定谁入党入团,先要派去搞工人运动,要能同工人群众结合,才能参加党团组织。

五四运动与马克思主义在山西的传播以及工人运动的蓬勃发展,为中国共产党组织在山西的建立,奠定了思想基础和干部基础、群众基础,越来越多的人觉醒起来。1924年5月,李大钊派高君宇代表中共北京区委到山西建党,推进山西国共合作(后改为中共太原支部)。5月底,依然是在省立一中,高君宇与贺昌共同见证了中共太原小组的成立。从此,在党支部的领导下,山西人民的革命斗争有了正确的方向,革命青年有了坚强的领导。山西人民的民主革命揭开了历史的新篇章!

1925年1月1日,在中共太原支部和青年团太原地委的发动组织下,太原兵工厂、制革厂、印刷厂等15个工厂的1000余名工人代表,在文庙图书馆举行山西工人联合会筹备大会,傅懋恭、纪廷梓等出席会议。会议讨论通过了联合会章程,选出联合会领导成员,宣布山西工人联合会正式成立,由王世益任委员长。更多更激烈的工人运动从此在党的领导下开展起来,形成了一波又一波的浪潮。1925年2月7日,全国铁路工会第二次代表大会决定恢复正太铁路总工会和下属的区分会;1925年5月10日,京绥铁路总工会成立。同人会总会取消,大同同人分会改为京绥铁路总工会大同分会。同年7月,在中共太原支部和共青团太原地委的领导下,正太铁路总工会太原区分会恢复活动。随后,轰动全国的五卅运动大大促进了太原和其他地区工人运动的发展,太原铁路、织布、靴鞋、印刷、缝纫等行业相继成立了工会，中共汾阳特支成立，以煤矿工人为主体的霍县职工联合会、介休县工会、晋城县工会也相继成立。同年8月19日，省城太原各行业和各厂工人代表在临泉府召开大会，成立了有会员8000余名的太原职工联合会。联合会成立后加入太原市民沪案后援会（后称雪耻会），积极开展了反帝反封建的斗争。

1925年10月，中共北方区委派河北籍干部崔锄人到山西，主持太原党务工作，担任党支部书记。经过考察，党支部将团员中的王瀛、王鸿钧、周玉麟、刘守维、彭兆泰、郭巨才、邓国栋等思想认识水平较高和年龄在20岁以上的人员，统一由团转党，使太原的党员总数迅速增至30多人。11月，在中共太原支部的基础上，又组建了中共太原特别支部，特支下辖省立一中和进山中学两个学生支部，印刷、制革、正太铁路3个工人支部，以及混合支部，同时负责联系和指导中共汾阳特别支部的工作。12月底，中国共产党太原地方执行委员会在特别党支部的基础上成立，负责全省党的基层组织的创建和党员管理。

在中共太原地委的领导下，工人运动更加蓬勃地发展起来，与之相伴的，是山西各地党组织如雨后春笋一般地成立起来。1926年春，经中共太原地委批准，建立了榆次支部（代号为"复校"或"榆芝"），领导开展反抗资本家压榨工人的斗争。1926年6月，榆次晋华纺纱厂公开成立了工会，随之发动全厂工人大罢工。罢工斗争坚持了40多天，9月遭到当局武装镇压，不少党、团员和工会积极分子被捕，工会被解散。在榆次支部的领导下，在太原总工会和山西学联的声援下，晋华纺纱厂继续同反动当局展开斗争，要求释放被捕工人。反动当局迫于北伐战争胜利的声势，终于到年底释放了被捕工人。1926年2月，中共太原地委派王世隆到阳泉保晋铁厂，发动工人争取自身解放，并于1926年5月成立了阳泉保晋铁厂工会，会员有100多人。在地下党和工会的领导下，工人们驱逐了国民党右派分子筹建黄色工会的负责人，使其阴谋未能得逞。

1926年9月至11月，祁县益晋织布厂工人自发开展罢工斗争，要求增加工资，反对资本家的剥削，但因为缺乏党的领导，遭到失败。1927年2月，中共太原地委职工运动委员会派太原总工会的郭晋元到祁县，和中共祁县支部一起成立了祁县益晋织布厂工会。在党和工会的领导下，工人举行罢工取得了胜利；1927年中共河东支部干事会在五一劳动节组织盐池工人集会游行，向盐池的资本家提出改善工人运动和生活条件、增加工人运动的要求，迫使资本家答应了在工作上实行八小时工作制、在生活上改善工人住宿等条件，工人工资也得到了提高。

就这样，马克思主义和山西工人运动的全面结合，最终使更多进步的工人群众加入了中国共产党，更多党的基层组织在各地建立起来，革命的火种开始在山西各地熊熊燃烧，最终将形成燎原之势，彻底点亮黑暗的夜空！

用教育播撒火种

山西名校康杰中学,是为纪念运城著名的共产党员嘉康杰而设立的。教育家嘉康杰在残酷的革命斗争中意识到:单单靠教育并不能救中国,只有共产主义才能真正救民众出水深火热之中,如果将马克思主义思想与教育结合起来,受益人一定能更多。此后,他用教育支援革命,将革命融入教育,用实际行动让河东大地上希望的火种传播得更远、燃烧得更旺。

第二章　壮大火种

"中条苍苍，黄河泱泱，我校诞生在解放的战场。新的青年一代，团聚在一堂，战斗学习活泼紧张。高高举起毛泽东的旗帜，踏上康杰先烈的血迹，为了自由，为了解放，不怕艰难，不怕困苦，前进！前进！建设社会主义的新中国，放出万丈的光芒，放出万丈的光芒，放出万丈的光芒！"

自1952年5月1日，山西省人民政府为纪念晋南地区最早的共产党人、优秀的革命家、教育家嘉康杰烈士，将创建于1945年4月，原名"晋冀鲁豫边区太岳行政干部学校第五分校"的学校命名为"山西省康杰中学校"以来，这首康杰中学校歌，已经伴随着多年来无数毕业于康杰中学、做出了种种成就的学子的步伐，传播到了长城内外、大江南北乃至异国他乡、大洋彼岸。

这是河东人民多年的收获，这是山西教育结出的硕果，更是嘉康杰烈士终生追寻的梦想。

1911年，运城县立高小举办毕业典礼时，学生嘉寄尘的母亲、怀孕的妻子和当家族长、嘉寄尘的四叔都来参加。嘉家是当地富户，书香门第，家人来高小，一方面为庆祝嘉寄尘学业有成，一方面准备让嘉寄尘开始工作，光耀门楣。不料典礼结束时，21岁的嘉寄尘忽然宣布要剪掉发辫、投笔从戎。母亲和妻子苦苦劝阻，族长四叔威胁要将他赶出家门，但去意已决的嘉寄尘，还是向家人叩了三个响头，决然而去，到临汾李岐山的民军司令部担任了文书。在嘉寄尘发出的一张张通告中，在嘉寄尘写出的一份份宣誓中，1912年，中华民国成立了。满心欢喜的嘉寄尘，辞别军队考入太原农业专科学校，可没过多久，他就发现这个新成立的民国，似乎变了味道。

1914年,学监解荣辂干涉学生谈论政治,嘉寄尘带头掀起反对他的学潮。他慷慨激昂地问:"国家有难匹夫有责,这句话,解学监你是怎么理解的?""同学们议论议论又有什么错!""国难当头,我们岂能坐视不管!"学潮愈演愈烈,在嘉寄尘的带领下,同学们一起把解荣辂赶出了学校大门。解荣辂回去之后就把这件事汇报给阎锡山,阎锡山命令警察局立即抓捕嘉寄尘。警察到学校后扑了个空,阎锡山就下令全省通缉。然后,阎锡山万万没有想到,嘉寄尘此时已经在同学许义如等人的资助下远走日本,并考入了早稻田大学。

可是,国家满目疮痍,身在日本的嘉寄尘始终无法静下心来读书。1915年,袁世凯政府和日本签订了不平等的"二十一条",嘉寄尘毅然回国加入讨伐袁世凯的大军。反袁斗争胜利后,他又考入北京大学政法系深造,接触了李大钊在北京大学举办的"马克思主义研究会",跨入了共产主义积极分子的行列。1919年5月4日,北京爆发五四运动,嘉寄尘热血沸腾,全身心地投入这次运动,结果又一次遭到官方抓捕。无奈之下,嘉寄尘第二次赴日留学,然而很快日本又传来阎锡山出卖山西矿产资源的消息,嘉寄尘被推为留日学生代表,回国与阎锡山交涉,坚决反对阎锡山与日本签订的山西矿产资源协议。阎锡山用5000块大洋收买他,没想到嘉寄尘把消息告诉了《大公报》,此事轰动全国,令阎锡山颜面扫地。

这样的事情一件件发生,意识到不能再在书斋里死读书的嘉寄尘最终决定结束留学生涯,报效祖国。在日本时,他的老师达山荣"教育国民,唤醒民众,建立一个无政府、无阶级,没有剥削和压迫,人人平等自由、有吃有穿有工作的乐园"的系列观点曾给嘉寄尘留下了深刻印象。嘉寄尘认为中国之所以落后,在于不兴教育,

第二章 壮大火种

夏县胡张乡其毋村嘉康杰墓地雕像

不懂科学,守旧保守。于是 1920 年,嘉寄尘回到阔别已久的家乡夏县其毋村,见到了深深思念他的母亲、妻子和孩子之后,虽然阎锡山想要继续收买他,让他当县长,但遭到了嘉寄尘的严词拒绝,他决心兴办学校,振兴中华!嘉寄尘首先在家中创办了以太小学,很快吸收了众多学子前来,阎锡山知道后觉得有机可乘,又打算给他一个教育股股长的官,但嘉寄尘还是断然回绝,这下彻底惹怒了阎锡山,从此他成为阎锡山的重点监管对象,也连累了他的族长四叔。四叔对他失望之极,加上他趁着四叔生病偷偷免了所有穷人的租金,四叔一怒之下,不顾嘉寄尘母亲和妻子的苦苦哀求,将嘉寄尘赶出了家门。伤心难过的嘉寄尘妻子从此一病不起,没过多久就溘然长逝。

安葬了妻子之后，被赶出家门的嘉寄尘更加坚定了兴办教育的决心。在朋友的接济下，嘉寄尘又到夏县堆云洞创办了平民中学。堆云洞是一座创建于元代的道观，积云缭绕，风景秀丽，是夏县著名的人文景观，如今的山西省重点文物保护单位。嘉寄尘办学的宗旨是培养人才，救国救民，所以定下了"骑马的不要，坐轿的不要，穿长袍戴礼帽的不要，欢迎平民子弟来校就读"的招生标准。学校原计划招生140名，后来录取250名。1925年夏，嘉寄尘又在运城胡家巷用玄武庙做教室办起了河东中学，当年招收学生300余名。他常常在堆云洞平民中学和运城河东中学间往返，每次要走一百二三十里（1里=0.5千米）路。这种痴心教育救国的精神深深感动了学校的学生和老师们，在他们中间产生了巨大的影响。

在自己办的学校，嘉寄尘进行了一系列教育实践。他以学生组织的名义创办了《平民》月刊，传播新思想新文化。他教一些字写得好的同学刻蜡版、油印，把《平民》月刊散发张贴到县城。为了拓宽学生的视野，嘉寄尘还把妻子走后留下的一些首饰变卖，给学校购买了孙中山、李大钊、鲁迅、达尔文、托尔斯泰、克鲁泡特金等人的著作，还有《新青年》《向导》《西游记》《水浒传》《官场现形记》《二十年目睹之怪现状》等书刊，免费提供给学生们阅读。上课时，嘉寄尘也着重讲统治阶级残酷剥削穷人的事例，以期培养学生的爱国热情和反叛精神。

在学校，他先后组织学生，发起了反对阎锡山加收房税捐、不合理的公债摊派、盐斤加价等斗争。1925年5月初，嘉寄尘响应太原反房税斗争，召开河东中学全体学生会议，联合县城一高、三高

第二章 壮大火种

及师范讲习所,于5月10日下午到县城游行示威,迫使土豪劣绅吴守仁、张庭栋写了《我的罪态》一文。5月18日,阎锡山宣布房税从当日起取消,这次斗争以胜利告终。同年11月初,阎锡山要向全省人民摊派公债以扩军备战,夏县12万人口竟派4万块大洋,负担是往年的两倍,而县长丁绳武非但不体恤县民,反而同土豪劣绅勾结,让平民承担一半,另一半本应由富户巨商负担的也变成了由平民负担的"门户捐"。知道消息的嘉寄尘气愤不已,先是组织河东中学和平民中学学生代表找丁绳武协商,丁不肯答应,嘉寄尘又安排学生们召开国民大会,想以请愿的方式解决。丁绳武把县城的兵力统统都派到玄武庙会会场,没想到带兵的营长被学生说服,竟然撤回复命。阎锡山听闻后斥责丁绳武"筹饷无力,诬告学生",将他撤职。这次斗争再次以胜利告终。11月,阎锡山又要对运城盐池盐斤加价,嘉寄尘组织学生开展反对盐斤加价的斗争,然而此事在筹备阶段消息泄露,阎锡山亲自下令抓捕带头学生,并查封了河东中学。虽然反对盐斤加价斗争没有成功,但嘉寄尘不惧强权为民请命的反抗精神,却在河东的学校中播下了革命的火种!

1926年4月,在阎锡山的授意下,嘉寄尘被逮捕,关在运城一监。在狱中,嘉康杰认识了共产党员刘天章,常常与之彻夜长谈。在交谈中,他逐渐意识到,单单是教育并不能救中国,只有共产主义才能真正救民众于水深火热之中!如果将马克思主义思想与教育结合起来,希望的火种一定能传播得更远,受益人一定能更多!

1927年冬,嘉寄尘出狱后,中共山西省委派汪铭同他谈话,正式接收嘉寄尘为中共党员。从此,嘉寄尘一边创办学校一边宣传党的主张,发展党员,正式走上了革命道路。1928年,汪铭到河东恢复党组织，在夏县堆云洞召开河东地区党组织工会，成立了河东特委，1929年7月又在堆云洞召开了河东特委会议，改特委为特支，嘉寄尘先后任中共河东中心县委书记、河东特委组织部部长等职。如今堆云洞三孔一门两窗的窑洞三川窑，就是当年保存秘密文件和传单的地方，院中还有一口看似普通的井，井中间有一个秘密通道，隐藏着一个机械装置，是嘉寄尘等共产党人和敌人周旋的秘密通道。就是在这一时期，嘉寄尘把自己的名字改为"康杰"。"康"取俄语"共产主义"一词的首写字母，表示自己要为在中国实现共产主义而奋斗；"杰"表达了他一定要成长为在中国实现共产主义的杰出战士的信念；"康杰"是共产主义先锋战士的意思，改名字，是嘉康杰人生道路上一个重大转折，他从此坚定了共产主义信仰，奔走于河东大地上，终生为共产主义事业奋斗不息。

1922—1933年，嘉康杰先后创办了"中山中学""临汾中学""康衢中学"等1所小学、6所中学，培养学生3000多人，对启发民众心智、塑造向学风气贡献非常大，直接改变了运城教育和革命的走向，可谓是自五四运动以来山西教育事业的开创者。他创办的学校虽然先后被阎锡山查封，但在嘉康杰直接或间接的影响下，这些学校培养出的学生普遍接受了先进思想，后来大都走上了革命道路，成为革命的中坚力量。尤其是在河东特委成立后，嘉康杰更是利用毕业于平民中学、河东中学和运城中山中学进步学生的关系，奔走各县宣传党的主张，在晋南地区发展了大批共产党员，点燃了晋南地区熊熊的革命火种。

在垣曲县白马神头村原河东中学学生关巍焕家，嘉康杰白天和他一起牧羊，晚上就和他睡在土炕上，给他讲革命道理，关巍焕很

第二章　壮大火种

快入党并创建了垣曲县第一个党支部；嘉康杰把在襄陵县邓曲村学校教学的学生成希才发展成党员，成希才又发展李道鉴、卫士高、阎春荣等 7 人，成立了襄陵县第一个党支部；嘉康杰找到在临晋学校教学的聂振铎成立了临晋党支部；嘉康杰到解县发展昝汉杰、杨临泮等 5 人加入共产党，成立了解县党支部……经过不懈努力，到 1933 年，嘉康杰已经在晋南 36 个县重新组建了 32 个党组织，发展党员 400 余名，尤其是夏县，44 个村庄里都有了党组织。

1931 年，嘉康杰将中共河东中心县委机关从堆云洞转移至夏县韩家岭，韩家岭成为河东革命的指挥中心和活动中心。1933 年秋，嘉康杰在韩家岭办起了面向穷人的"平民小学"和面向青壮年、闺女媳妇的"平民夜校"。他的种种革命行为，都得到了人民群众极大的支持。然而，此时的嘉康杰已经成为阎锡山政府的眼中钉，嘉康杰常常要冒着巨大的风险，用各种形式同敌人周旋。1936 年 3 月 3 日，为配合红军东征，嘉康杰在夏县中条山西晋村开会，准备暴动。敌人闻讯前来，嘉康杰让其他人迅速转移后，自己穿好长袍，戴上礼帽，大摇大摆从村里走出。等敌人发觉不对回头又追时，只在村口照壁旁看到了留下的礼帽长袍。敌人拦住问一位戴烂草帽、穿补丁衣、担着茅桶的人："看见刚才那穿长袍的人没？"担茅桶的人说："我见他变成匹马，往村中去了。"这话弄得敌人摸不着头脑，只好离开，走远了才反应过来，其实这个担茅桶的人就是嘉康杰！

类似的英雄壮举还有很多，嘉康杰的名声迅速传播开来，成了许多人心目中能上天遁地的神人，加上这一时期嘉康杰组织进行了多次武装暴动，一直想要拉拢他的阎锡山终于失去了耐心，认为嘉康杰既然不能为之所用，不如除掉！于是，阎锡山发出通缉文告，

六人会议遗址

悬赏1000块大洋缉拿嘉康杰，无论死活。嘉康杰又一次陷入了危险之中，只得暂时隐居在山里。就在这时，抗战全面爆发，国共合作开始，党中央命令嘉康杰结束隐居状态，在晋南地区增兵，准备战争。阎锡山也撤销了对嘉康杰的通缉令。嘉康杰立即开始招兵买马，在各种庙会上宣传报国为民的理念，一个月就扩兵3000人，大大扩充了抗日力量！

　　阎锡山的队伍终究没能挡住日军的铁骑，1937年11月，华北沦陷，太原失守，阎锡山军队全线溃退。1938年，日军攻占运城，运城成为侵华日军企图逾越中条山与黄河的最后阵地。嘉康杰领导的队伍被收编为八路军晋豫边游击队第六大队，并担任供给队长。嘉康杰和当时河东地区的共产党员柴泽民等人一起，在韩家岭开展

第二章 壮大火种

了轰轰烈烈的建设：建立培训基地，举办各县党政领导干部训练班；设立合作社，建立了晋南唯一的武器制造和修理基地修械所。他们还发动了炸毁韩家岭桥梁、配合六六战役、收回平陆和芮城等失地的一系列战斗，发明了许多作战方法：针对日军利用南同蒲铁路和太风公路运输兵力和战略物资的情况，在铁路一侧平原地带以土夯墙为阵地，发动军民破坏铁轨和枕木，然后居高临下于土墙之上消灭装甲车、运兵车；破坏公路路面，让日军无法前进，成为活靶子；指挥夏县游击队第二区队配合西北军一七七师，把盘踞在水头镇的日军包围起来，掩护群众破袭铁路。几种方法交替进行，轮番上阵，最终导致日军铁轨被掀翻，路基被炸毁，不得不放弃水头镇，龟缩回运城。嘉康杰还利用自己会日语的优势，数次伪装成日军，带领游击队奇袭日军军需仓库，缴获了一大批枪支弹药、棉花棉布，补充了游击队的军需。

日军对嘉康杰展开了疯狂的报复，他们派出军队，火烧河东特委、牺盟会驻地韩家岭，嘉康杰第二任妻子樊萍为救老百姓，没能及时撤退，跳崖牺牲，其他家人也遭到报复，嘉家31间房屋全部被烧毁，牲口、粮食和财物全被抢光，嘉家13口人不得不逃亡山中，最后仅余3人。半生戎马落得家破人亡、战友凋零，痛苦的嘉康杰决心为家人报仇，为同志报仇！他将全部精力都投入战场，用游击战、运动战、破袭战、麻雀战等战法，打得日军抱头鼠窜，狼狈不堪。可惜的是，1939年11月18日，国民党特务李玉安等人在嘉康杰从夏县出发赴延安参加党的七大时，实施了暗杀计划，嘉康杰不幸遇难，时年刚刚50周岁！河东特委痛失骨干，无数学子痛失恩师。嘉康杰的死，激起了河东人民的愤怒浪潮！夏县中心县委和八路军第六、第七大队在韩家岭举行了隆重的追悼会；翼城中心县委、晋豫边区政府党委党校、晋豫边区游击队、中条地委也先后举行了追悼会。追悼会刚一结束，在柴泽民等人的奔走呼号下，凶手李玉安等4人最终伏法，被判死刑。嘉康杰的大仇，最终得报！

  1940年1月17日，《新华日报》发表文章对嘉康杰的革命功绩做了充分肯定和高度评价，并要求党员和人民群众向嘉康杰同志学习。1949年农历十月初五，嘉康杰烈士的遗骨由韩家岭迁葬其毋村东头的峨嵋岭上，运城市政府还在峨嵋岭上的田园边、靠其毋村半里地的地方，建起了嘉康杰烈士陵园。从此，他的墓前鲜花常开，松柏常青；他通过教育播撒的粒粒革命火种，不断继承着他的遗志，从河东大地出发，在各地熊熊燃烧，直到今天！

第三章

保护火种

无论外来的力量有多么强大,不管头顶的天空有多么黑暗,伟大的共产党人,一次次地用生命保护着火种,让它越来越火热,越来越鲜艳!

吕梁山中小延安

在不断的斗争中，革命火种逐渐在吕梁群山引燃；在持续的反抗中，革命火焰逐渐在吕梁大地蔓延。整个抗战时期，吕梁两万多平方千米的土地不仅是华北抗日战争的主战场之一，而且是全面抗战爆发后中国共产党领导的抗日游击战争率先开始、迅速发展、不断胜利的地方，是八路军挺进山西、实行对日抗战的"立足点"和发展抗战的"出发地"。依靠吕梁山这一天然屏障，以吕梁地区为核心的晋绥边区革命根据地，是保卫延安、保卫党中央的坚固屏障和后勤保障基地，也是延安通往各解放区的重要交通枢纽和党中央战略转移的重要依托。

火种传承：百年山西红色记忆

  每个阳光灿烂的清晨，熙熙攘攘的太原火车站，都会有一辆绿皮小火车哐当哐当开出，载着春天的希望、夏天的微风、秋天的收获、冬天的种子，开往吕梁山上的兴县蔡家崖。

  吕梁山，是绵延于黄河东岸黄土高原上群山的统称。吕梁是脊骨之意，如果说山西是中华的脊梁，那么吕梁就是华北的脊梁。脊梁是支撑，脊梁也是奉献。吕梁地处晋西北，十年九旱，土地贫瘠，艰苦的自然地理环境孕育了吕梁人顾全大局、自强不息的品格。千百年来，这种独特的气质和品格，镌刻在这里的每一寸山水、每一方土地之上。

  1931年5月，山西第一支由中共山西省特委直接创建领导的工农革命武装"中国工农红军晋西游击队"诞生在吕梁山南麓，成为中国北方首支拥有正式番号的红军队伍。面对国民党成团成师的大部队围剿，游击队始终没有动摇，伴随着"吕梁山上红旗飘，革命到底不动摇"的激昂誓词，机动转战于吕梁山区，打土豪、分田地，发动群众，建立苏维埃政权，革命的星星之火渐成燎原之势。1932年，这支队伍被改编为西北抗日反帝同盟军，后又整编为中国工农红军陕甘游击队、中国工农红军第二十六军。跨过黄河的吕梁儿女最终在中共陕西省委、陕甘边特委刘志丹及习仲勋等人的带领下，创建了陕甘边革命根据地，并最终与陕甘、陕北根据地连成了一片，成为西北革命根据地。

  1936年1月15日，毛泽东、周恩来、彭德怀签发了《关于红军东进抗日及讨伐卖国贼阎锡山的命令》，命令"主力红军即刻出发，打到山西去"。这就是历史上著名的红军东征。红军历时75天，

第三章 保护火种

转战山西 50 余县,扩大红军 8000 余人,筹集款物折合 50 余万银圆。吕梁地区是红军东征的主要战场,红军在这一地区发动群众建立党组织和苏维埃政权,许多开明士绅主动捐款捐物,有 3000 多名吕梁儿女参加红军。在整个东征过程中,打仗、筹款、做群众工作三大任务合为一体,为党在抗日战争时期开辟敌后抗日根据地创造了优良的条件,奠定了坚实的基础。

1937 年,任"第二战区民族革命战争战地总动员委员会"兴县分会经济部部长的兴县黑峪口村人刘少白,为了稳定晋西北的金融和物价,经晋西北区党委同意,筹备开办了兴县农民银行。在刘少白的动员下,兴县这个当时不到十万人口的小县,有 100 余户入股,共筹集股金 5 万多银圆、700 多石(1 石 =100 升)粮食,保证了兴县农民银行所需资金,为银行发行纸币奠定了信用基础。1937 年 12 月,兴县农民银行在兴县县城内正式宣布开业,同时发行面额 1 角、2 角、5 角、1 元的"兴农币"。到 1940 年,兴县农民银行共发行兴农币 233.02 万元,大部分用来解决八路军等抗日武装的军费需要,少部分用来办工厂、办商店,发展生产。1940 年 5 月,经晋西北行政公署决定,在兴县农民银行的基础上成立了西北农民银行,同时在石楞则村组建了实为铸币厂的洪涛印刷厂,为了保密,印刷厂以朔州境内的洪涛山命名。今天的中国人民银行,就是由这个西北农民银行以及华北银行、北海银行合并组建而来的。

革命的火种在斗争中逐渐在吕梁群山扎根,革命的火焰在反抗中逐渐在吕梁大地蔓延,占吕梁人口 95% 的广大农民群众被动员起来,投入中国共产党领导下的抗日救亡运动。整个抗战时期,吕梁两万多平方千米的土地不仅是华北抗日战争的主战场之一,而且是全面抗战爆发后中国共产党领导的抗日游击战争最先开始、最先发展、最先胜利的地方，是八路军挺进山西、实行对日抗战的"立足点"和发展抗战的"出发地"。依靠吕梁山这一天然屏障，以吕梁地区为核心地带的晋绥边区革命根据地，是保卫延安、保卫党中央的坚固屏障和后勤保障基地，也是延安通往各解放区的重要交通枢纽和党中央战略转移的重要依托地。

1940年2月，晋绥边区抗日民主政权——晋西北行政公署在兴县蔡家崖一处宅院成立，后改名为"晋绥边区行政公署"。1942年8月，晋绥军区司令部暨一二〇师师部也移驻此院，同时成立了中共中央晋绥分局，从此，这个位于吕梁山西麓，北依元宝山，南临蔚汾河，东离兴县县城7.5千米，西临滔滔黄河15千米，距省城太原277千米，依山傍水、风景独特的兴县蔡家崖乡蔡家崖村，就成了当时晋绥政治、军事、文化的中心，时人誉称"小延安"。晋绥党政军主要领导人贺龙、关向应、林枫、续范亭等长期生活和战斗在这里，毛泽东、周恩来、朱德、刘少奇、任弼时等中央领导同志也先后到过这里。著名的晋绥干部会议就在这里的晋绥军区礼堂召开，毛主席还发表了《在晋绥干部会议上的讲话》和《对晋绥日报编辑人员的讲话》，并亲笔题写了土地改革和新民主主义革命时期的总路线和总政策。

"晋绥边区行政公署"这个充满着战斗精神的革命圣地，原本是开明士绅牛友兰的宅院和花园，当地人称"花园院"。它由一大一小两个院子的套院组成，主要有窑洞、砖包大门、起脊瓦房、盖瓦歇厦等建筑物。春夏时节摇曳着依依垂柳，秋冬时分缀满了鲜红大枣，四季都有不同的美丽风景。院子的正北面为前带插廊倚山而建的6

第三章　保护火种

晋绥边区革命纪念馆

孔石窑洞，西北面石窑为军区司令部增建的礼堂，西南有警卫排住的瓦房8间，正中是由6棵柳树和石桌、石墩组成的六角形状的"六柳亭"，又名"六角亭"，树由贺龙同志亲自栽植，至今依然枝繁叶茂。

早在成立兴县农民银行时，牛友兰就拿出他的积蓄2.5万银圆、粮食150担（1担=50千克），作为银行的启动资金。到八路军一二〇师开赴吕梁时，已经捐献出自己"花园院"的牛友兰看到红军战士还身穿单衣单裤，又把自己"复庆永"商号的全部股东召集起来，与大家商量之后，将商号里的布匹、棉花以及毛巾、袜子、肥皂等拿出来，给战士们做了棉衣棉裤，配备了日常用品。为了解决边区人民物资匮乏的困难，牛友兰还拿出1万银圆，在"复庆永"的基础上，创办了兴县民众产销合作社。合作社生产部组织群众纺线织布，营业部经销棉花、食盐、煤油等生活用品。后来生产部改名为蔚汾纺织厂，又发展成晋西北地区最大的纺织厂。牛友兰一直担任晋西北纺织厂的厂长和经理职务，直到1941年调离。临走时他没有带走公司的任何财物，包括建厂时投入的1万银圆。在整个抗战时期，牛友兰几乎将自己的全部家产拿出来，先后捐款3.5万银圆，捐粮4万多斤（1斤＝0.5千克），还有棉花、布匹、毛巾等大量生活日用品，为抗战做出了巨大贡献。

在蔡家崖"小延安"的领导下，在许许多多像牛友兰一样的吕梁人民的支持下，晋绥革命根据地一天天发展壮大，陆续建成被服厂、发电厂、兵工厂等企业，成为革命经费的主要来源。据统计，当年晋绥边区支援中央的经费占到边区财政的一半以上，而吕梁几个专区又占到边区支援中央经费的70%，1943年上缴中央的经费甚至占到吕梁各县财政总收入的81%。除了经济上的支撑，在这片红色的热土上，先后有50327名八路军战士和113800余名百姓的鲜血，遍洒晋绥边区的原野。英勇无畏的吕梁儿女在党的领导下，为中华民族的独立和解放做出了卓越的贡献。正如著名小说《吕梁英雄传》中所写的一样：军民创造了明的、暗的、软的、硬的各种战法，组织了"变工爆炸""劳武结合"，粉碎了敌人的"蚕食政策""怀柔政策""三光政策"以及数次"强化治安运动"，挤得敌人的统治区日益缩小，由面变成线，由线变成孤立的据点。在斗争中，人民用血泪写下了不少可歌可泣的故事，涌现出无数英雄。1944年晋绥边区群英大会上，单说出色的民兵英雄，就有124位。这些人物当中，有的是爆炸大王，有的是神枪手，有的是破击英雄，有的是锄奸模范，有的是智勇双全的领导者，有的是天才卓越的指挥员……各有各的长处，各有各的本领。真是花开万朵，朵朵鲜红。

吕梁的风骨铮铮有声，革命的奉献无怨无悔，抗日战争和解放战争时期用无数先烈的鲜血浇灌而成的吕梁精神，艰苦奋斗是它的基石，顾全大局是它的核心，自强不息是它的精髓，勇于创新是它的灵魂。1962年，专门负责晋绥边区政府及军区司令部旧址建筑遗存日常保护、旅游接待等工作的常设专职保护机构——"晋绥边区政府旧址纪念馆"在花园院基础上建成，后来改名为"毛主席革命活动纪念馆"，1979年正式改名为"晋绥边区革命纪念馆"，即现在的晋绥边区革命纪念馆旧馆。2011年11月21日，建于旧址西南侧的晋绥边区革命纪念馆新馆正式开馆，并免费对外开放。项目总占地面积20677平方米，主体建筑面积2974平方米，布展面积6630余平方米，陈列展览共分晋绥革命根据地在中国革命中的重要地位和突出贡献、晋绥革命根据地的军事斗争、晋陕联环保卫党中央、根据地的全面建设、光辉的历程前行的足迹、不忘初心走向未来六大部分，收藏有反映晋绥边区革命斗争史的图片、文字、实物等珍贵文物史料4300件，采用了蜡像复原、幻影场景等声光电现代多媒体展示手段，是全国唯一的全面反映晋绥党政军民12年光辉斗争史的多功能、综合性的革命纪念馆。新馆大厅正中安放着贺龙元帅的大型雕塑，背后及左右墙壁上是刻有战士们英勇杀敌情景的浮雕，展馆中有毛泽东用过的笔砚、贺龙的文件包、林枫的马褡子以及边区军民用过的兵器、工具、衣物、粮票……每一件革命文物背后都承载着一段厚重的历史，每一段厚重的历史都是吕梁山的英雄儿女们用鲜血和生命铸就的吕梁精神的真实写照。

纪念馆受到了党和国家领导人及各级党委和政府的高度重视，也受到了社会各界的广泛关注。江泽民同志为之题写了馆名，习近平、江泽民、胡锦涛、温家宝等党和国家领导人先后亲临视察。2017年6月21日上午，习近平总书记专程来到兴县，瞻仰晋绥边区革命纪念馆，参观晋绥边区政府、晋绥军区司令部旧址，并隆重地向革命烈士敬献了花篮。

自习近平总书记视察晋绥边区革命纪念馆以来，兴县红色旅游出现井喷式态势，全国各地的人们跟随领袖的足迹来到兴县，来到晋绥边区革命纪念馆。如今，晋绥边区革命纪念馆是国务院公布的第四批"全国重点文物保护单位"，是中宣部公布的第三批"全国爱国主义教育示范基地"，是国务院公布的第二批100处国家级抗战纪念设施、遗址名录之一，是全国百个红色旅游经典景区之一，是山西省"十佳文明景区"之一，也是被省、市、县命名的爱国主义教育、革命传统教育、国防教育基地。男女老少、干部群众等参观者络绎不绝，来到这里采风调研、参观学习、缅怀先烈，接受革命传统再教育。太原火车站的"蔡家崖号"小火车就是习近平总书记视察一周年之际开通的，从此结束了沿途兴县、临县、岚县不通客运列车的历史，也打开了沿途各县开放发展的新局面。

伴随着共和国成立的隆隆礼炮，伴随着新中国建设的铿锵脚步，伴随着改革开放的滚滚春潮，吕梁人民为了祖国的发展和强大，为了家乡的繁荣和幸福，不断将吕梁精神发扬光大，继续高扬着革命的旗帜，谱写了一篇篇新时代的吕梁英雄传。吕梁人的风骨，曾经意味着牺牲；吕梁人的风骨，在新时期早已不只是牺牲，还充满了智慧的创造、全力的进取！山西人的风骨，曾经意味着奋斗；山西人的风骨,在新时期早已不只是奋斗,还有走出国门的勇气、冲上太空的骄傲!如今的吕梁,秉承着吕梁精神,已经从黄土高原的贫瘠之地,变成了开放的吕梁、大治的吕梁、奋进的吕梁!如今的山西,秉承着铮铮风骨,已经从黄土地上再次崛起,变成了包容的山西,繁荣的山西,秀美的山西!

太行山上八路军

太行精神是在国家和民族处于危亡的关键时刻，中国共产党领导太行儿女展现出的勇敢顽强、不畏艰难的革命英雄主义精神，在极其艰苦的条件下百折不挠、艰苦奋斗的精神，是为人民利益勇于牺牲、乐于奉献的精神，是数千年来中华民族精神的积淀和延续。太行革命根据地是中国革命史上的一座丰碑，太行山上的八路军，在极其艰难困苦的环境中，进行了艰苦卓绝的抗日游击战争，用小米加步枪打败了凶残的日本侵略者，用一曲曲凯歌，奏响了时代的精神、民族的华章，挺起了中华民族抗敌御侮、永不屈服的民族脊梁。

第三章 保护火种

"远望春光镇日阴,太行高耸气森森。忠肝不洒中原泪,壮志坚持北伐心。百战新师惊贼胆,三年苦斗献吾身。从来燕赵多豪杰,驱逐倭儿共一樽"。这首豪气万丈的《太行春感》,写于 1939 年春天,作者是杰出的无产阶级革命家、军事家朱德元帅。

1937 年 7 月,卢沟桥事变后,第二次国共合作正式形成,全国各民族、各阶级、各阶层、各党派统一在抗日救国的旗帜下,开始了全面抗日战争。

日军占领山西后,推行"治安肃正""治安强化运动"和工厂"军事管理制度",对占领区人民进行残暴统治与疯狂掠夺。据统计,仅仅在 1937 年底到 1939 年,日军从太原掠往日本本土或东北、北平、天津等地的机床及化工、冶炼、动力设备就有 4000 余部(台),价值 250 多亿元;1941 年至 1945 年 8 月,日军又在山西开采原煤 1094 万吨;1938 年至 1945 年,日军从山西盗运往日本的原煤有 140 万吨。除此之外,日军还在各抗日根据地实行杀光、抢光、烧光"三光政策",烧毁房屋,抢掠粮食、牲畜、家禽、衣服,甚至使用化学毒气和进行人体活体细菌试验,蚕食封锁根据地。在日军的统治下,沦陷区人民生活极为悲惨,山西的社会经济遭到空前破坏。据不完全统计,抗战期间,晋西北 24 县被日伪军屠杀的民众达 12.7 万人,晋察冀北岳区被屠杀的民众达 8.2 万人,太行区被屠杀的民众达 16.8 万人,太岳区被屠杀的民众达 8.5 万人。

为了抗击日军的残暴罪行,1937 年八九月间,刚刚由红军改编成的八路军主力渡河入晋,开赴山西抗日前线。经中共中央军委副主席周恩来、朱德总司令、彭德怀副总司令与阎锡山共同议定,组

建起全国第一个国共公开合作的抗日民族统一战线组织——第二战区民族革命战争战地总动员委员会，山西成为华北抗日的中心。装备极为落后的八路军一进入山西就对日军发起一次次进攻，数月之中首战平型关、夜袭阳明堡，组织了雁门关、七亘村、黄崖底、广阳伏击战，在邯长公路和汾离公路三战三捷，为开辟根据地奠定了坚实的根基。

1938年1月，晋察冀边区经民主选举，成立了中国共产党领导的华北敌后第一个抗日民主政府——晋察冀边区行政委员会；同时，根据毛泽东主席电示，八路军一一五师一部挺进晋东北，依托五台

八路军太行纪念馆全景

山和恒山,与中共晋察冀省委共同创建晋察冀抗日根据地;一二〇师挺进晋西北,依托管涔山脉,与中共晋西北省委共同创建晋西北抗日根据地;一二九师及一一五师三四四旅挺进晋东南地区,依托太行、太岳山脉,与中共冀豫晋省委共同创建晋冀鲁豫抗日根据地;一一五师部及三四三旅进入晋西南地区,依托吕梁山脉,与中共山西省委及中共晋西省委创建晋西南抗日根据地,筑起了一道道的抗日长城。

全面抗战中,八路军在山西开辟的敌后抗日根据地,保卫了指挥华北抗战的司令部和领导整体抗战的延安总部,成为支持华北长期抗日战争的重要支柱。八路军在山西带领抗日军民进行了70余次著名的战斗战役，消灭日伪军66万人，其中歼灭日军近7万人，占侵入华北日军总数22万人的31.8%，使山西敌后战场成为坚持持久抗战的战略支点。历经艰苦环境和严酷斗争磨炼，也使得八路军不断成长壮大，最终从进入山西时的3万余人发展到102万人。

另据统计，1955年到1965年授衔的将帅中，有9位元帅、9位大将、42位上将、103位中将、838位少将，共1000多位开国将军曾在山西参加抗战。

抗战时期，中国共产党团结一切可以团结的抗日力量，组建了共产党员、爱国民主人士和其他抗日分子各占1/3的各级抗日政权，各地政权在艰苦的战争环境下，一边组织领导群众开展多种形式的抗日战争，保卫人民的生命财产安全；一边按照新民主主义的政治、经济、文化纲领，创建敌后根据地，高举抗日民族统一战线旗帜，实施民主政治，发展生产事业，进行武装建设，推动社会改造，发展文化事业，积累了劳武结合、精兵简政、减租减息、发展经济、民主建设、文艺为工农兵服务等多方面的成功经验，形成了广泛的凝聚力和推动力，有力地支撑了整个华北抗战。

太行山地处山西省与华北平原之间，奇山峻岭景色如画。流传在这座山上最古老的故事，是愚公移山，是精卫填海，是炎帝尝百草。从上古时代起，太行山上的人们就不断前行、不断突破、不断尝试，用奋斗、用抗争创造美好的生活。八路军一二九师进入太行山后，在中共中央北方局的直接领导下，带领太行儿女大刀阔斧展开了工作。

1937年到1941年，朱德、彭德怀、刘伯承、邓小平等老一辈

第三章　保护火种

无产阶级革命家创建了一处处敌后抗日根据地，领导和指挥了一场场艰苦卓绝的斗争。太行山的游击队如雨后春笋般成长起来，太行山的 800 万劳苦大众，工人、农民、知识分子和广大青年学生争先恐后参加八路军，抗日的烽火在太行山熊熊燃烧。当时的太行山，"村村像军营，人人都是兵，抗日根据地，一片练武声"，这些让党的四代领导人都为之赞叹的太行人，任凭那扁担把脊背压弯，任凭那脚板把木屐磨穿，不但创造性地发明了围困战、地道战、地雷战、麻雀战、窑洞战等各种开创性的斗争方式，将巍巍八百里太行山，变成了敌人的坟墓、亲人的乐土，还用沁州黄灿灿的小米，武乡红彤彤的大枣，长治白莹莹的鸡蛋，滋养了一队队八路军战士，培育了一个个革命后来人。

因为武器装备极差，地雷成为太行民兵打击日军的重要武器。武乡地雷大王王来法，发明了石雷、木雷、子母雷、连环雷、散兵雷、三角雷、梅花雷、游击雷、一条龙雷、大包围雷等 20 多种雷，并在阵势上设计了梅花阵、凤凰阵、楼上楼阵、蛇形阵、开门大吉阵等千变万化的阵法。太行山上到处流传着歌颂地雷战的诗歌：鬼子来了咱不怕，给他一颗铁西瓜。铁西瓜，铁西瓜，鬼子一踏就开花。

太行山上漫山遍野的窑洞，也被太行军民创造性地发展成对付日军蚕食政策的又一种游击战术。现为山西省重点文物保护单位、距壶关县城南 40 千米处的常行村窑洞中，就发生过这样一场惊心动魄的战争。

常行村处于敌、伪、顽相交地带，也是抗日政府的前沿阵地。1943 年冬季，太行民兵在村西南山旧煤窑改造的窑洞中，修筑了"民兵战斗洞"，从村中开了一个口子与战斗洞巷道相通，又在原来旧坑道的基础上，加以改造，筑成一条2000多米长的"爪"字形坑道和窑洞，坑道和窑洞共留3个出口、1个通气孔，有简易的工事，便于长期坚守。

1944年9月11日，正是秋忙时节，日军兵分三路夜袭常行村，企图一举消灭常行村民兵。村民们坚守碉堡窑洞，埋设地雷，击退了敌人一次又一次的疯狂进攻，4天4夜的死守，全村没有一个人投降。大家只有一个信念，宁死不当叛徒。最终，他们歼灭了56名日军，缴获300多件武器，等到了救援，粉碎了日伪军的阴谋。这座窑洞，也成为常行村党支部领导群众坚持抗敌斗争、防御日军扫荡的坚强堡垒。

沁源围困战，是山西抗日游击战史上一个典型的围困战战例。日军占领沁源后，沁源军民首先开展了坚壁清野大动员，以沁源城关为中心，发动群众统统转移出来，把水井填死，粮食深埋，用品搬空，城郊23个村庄、16000多人，仿佛一夜之间都消失了。方圆数百里的地面上，看不到一个老百姓，村庄都成了"无人区"。之后的两年多时间内，沁源军民同仇敌忾，与日军进行大小战斗2700余次，歼灭日伪军共4200余人。在我军民长时间的围困下，日军退出了一个又一个据点。1945年春，沁源军民对疲惫不堪的日军发起最后围攻。全县男女老少2万余人一起上阵，用4000多颗地雷把敌据点重重封锁起来，敌据点周围遍布马坑、草人、标语，荆棘铺满所有通道，沁源城四周山头上插满了红旗。日军四面楚歌，仓皇出逃，沿途又遭我军民伏击，死伤无数，历时两年半的沁源围困战终于胜利结束。

1931年，张克威辞掉美国五大畜产品制造公司之一阿木尔公司

第三章 保护火种

的职务，带着他的美国妻子，回到阔别十年的祖国，加入中国共产党，担任了太行根据地的生产部部长，全身心投入粮食生产研究中。当时农作物产量特别低，1亩（1亩≈0.067公顷）豆子或者1亩玉米产量也就250—300斤。

1941年，晋冀鲁豫边区政府成立后，张克威常驻黎城县南委泉，黎城是山区，南委泉原本贫瘠，只有达到高产才能保证根据地军民的食用，这成为摆在张克威面前的难题。经过不断的试验和大胆尝试，他引种和推广美国"金皇后"玉米良种，取得空前大丰收；他主持培育的小麦良种，比当地小麦增产一至两成；他在南委泉开辟苗圃培育树苗，在荒山上植树造林；又通过国际友人购买了几头荷兰奶牛，专人饲养、挤奶，除供给部队休养员食用外，还能分给当地缺奶水的婴儿。张克威还领导生产部的干部、战士和家属，开办合作社、商店、饭馆和磨坊等，既方便根据地军民的生活，又为部队创收，积累资金。终于，喜看稻菽千重浪，敢教日月换新天，原本贫瘠的黎城被打造成了丰收之城，也在很大程度上缓解了边区的粮食问题。

"红日照遍了东方，自由之神在纵情歌唱，看吧，千山万壑，铜壁铁墙，抗日的烽火，燃烧在太行山上"……就像这首歌中唱的一样，靠着小米加步枪，靠着军民鱼水、和衷共济，从1937年10月到1944年10月，全太行山区有26万多名农家子弟参加了人民军队，17万优秀儿女为革命献出了宝贵的生命，在生产、战斗等各条战线上，涌现出3000多名人民功臣和英雄模范人物。如武乡县的李改花，先后送3个儿子参加了八路军，叮嘱他们要精忠报国；临漳镇的暴莲子，组织和带领妇女做军鞋、补军衣，站岗放哨，护理伤员,被誉为"八路妈妈";另外还有一批太行奶娘,冒着全家人被日军砍头的危险,用自己甘甜的乳汁哺育了一批在疆场杀敌的八路军将士的后代。在整个抗战中,八路军走到哪里,都会把"三大纪律八项注意"执行得一丝不苟。八路军总司令朱德在麻田期间,不但鼓励军民开荒种地,还亲自下地种菜。至今,左权县民歌《朱总司令在太行》仍然歌唱着朱德在太行期间生产生活的情境:"朱总司令在太行,勤劳俭朴好榜样。白天同咱去劳动,晚上炕头拉家常。"

　　1942年,八路军一二九师和边区政府只用4个多月,就在浊漳河两岸修起了两条水渠,可浇地4000余亩。通水当天,老百姓从四面八方奔向水渠,高喊"共产党万岁"!英雄的太行人民和八路军将士,就这样一起在太行山上生死与共,团结奋战,在炮火连天的革命战争年代里,以国家利益为重,以民族利益为重,为夺取抗战的最后胜利无私地奉献了人力、物力、家庭、财产乃至生命,为中国革命做出了巨大的贡献。

　　这样的事例还有很多,这样的情谊比海还深。进入解放战争时期,太行人民在"解放全中国"的号召下,又一次积极动员起来,踊跃参战,加入人民子弟兵的行列,近8000名干部陆续调往全国各地,为全中国的解放做出了太行根据地特有的贡献。可以说,太行革命根据地是中国革命史上的一块丰碑,太行精神是数千年来中华民族精神的积淀和延续。

　　早在1944年,邓小平在黎城县南委泉村召开的太行区杀敌英雄和劳动模范表彰大会讲演中,就高度总结出了"有觉悟、有创新意识、有本领、有群众观念和有民族精神"5个本质特征的太行精神。如今,太行精神又被确定为:在国家和民族处于危亡的关键时刻,

第三章　保护火种

中国共产党人领导太行儿女展现的勇敢顽强、不畏艰难的革命英雄主义精神，在极其艰苦的条件下展现的百折不挠、艰苦奋斗的精神，是为人民利益展现的勇于牺牲、乐于奉献的精神，是数千年来中华民族精神的积淀和延续。

太行精神是敌后抗日军民用鲜血和生命浇灌的精神之花，是八路军和太行人民战胜日本帝国主义的民族之魂，是我国新民主主义革命取得胜利的擎天之柱，更是我们今天社会主义现代化建设用之不竭的精神动力。

2001年8月、2004年7月，江泽民、胡锦涛先后在长治武乡八路军太行纪念馆题词赞颂太行精神；2009年5月，时任国家副主席的习近平也专程到武乡瞻仰了八路军太行纪念馆，特别强调："结合新的实际与时俱进地大力弘扬太行精神，坚定正确的理想信念，始终保持对党对人民对事业的忠诚；坚持执政为民的政治立场，始终保持与人民群众的密切联系；锤炼坚韧不拔、百折不挠的品格，始终保持知难而进、奋发有为的精神状态；坚守党的政治本色，始终保持艰苦奋斗的优良作风，为推动经济社会又好又快发展提供强大精神动力。"

战争的烽火已经远去，太行山上的青青松柏，仍然在讲述着八路军的故事。今天的太行儿女，继承了前辈们的勇敢和坚韧，仍然像当年一样，坚持着艰苦奋斗、改革创新、不怕困难、迎难而上的太行精神，在祖国大地上奏响着新的华章。

不爱红装爱武装

在战火纷飞的战争年代,作为革命老区的山西,无数巾帼英雄不爱红装爱武装,拿起手中的枪,投入反抗日本帝国主义、反抗强权的斗争中,保护着革命的火种发展壮大,也形成了山西特有的女英雄群像。"生的伟大,死的光荣"的女英雄刘胡兰,在同朔大地写下最壮美英雄诗章的印尼爱国归侨李林,遭受酷刑被腰斩三段也不泄露秘密的16岁共产党员尹灵芝,以及安泽县"美丽的大姐姐"王光,都是巾帼英雄的优秀代表。

第三章　保护火种

2016 年 7 月 21 日,一部气势恢宏的大戏在太原市青年宫演艺中心隆重上演,台上的演员时而愤慨,时而激昂;台下的观众时而紧张,时而凝重。观众席中,有个山西人熟悉的身影,她是这幕大戏的第一任主演,也是此次复排的总导演——著名歌唱家郭兰英。伴随着熟悉的旋律响起,全场观众齐声唱起了同名歌曲,郭兰英的眼睛,又一次湿润了。

这部激动人心的剧目,正是民族歌剧《刘胡兰》。1948 年,由真实事件改编的《刘胡兰》搬上舞台,立即引起了巨大轰动,至今还在演出。而刘胡兰的故事,也自诞生之日起,就一直影响着山西和全国其他地方的女英雄们,在不同时代,上演着一幕幕不同的传奇。

1932 年,刘胡兰出生于山西文水县云周西村一个贫苦农民家庭。1936 年春,中国工农红军东渡黄河,北上抗日,在文水分土地、打土豪、救穷人、宣传抗日救国理念。刘胡兰虽然还小,但也在心灵上留下了模糊的印记。1938 年,日本帝国主义占领文水县城,县长顾永田带领老百姓和日军进行着各种斗争;1940 年,为了掩护战士们撤退,顾永田和敌人展开了殊死搏斗,壮烈牺牲,小小的刘胡兰从此认定,顾县长是个大英雄,做人就要做他那样的人。1941 年初,曾在妇救会工作的胡文秀嫁给了比自己大 16 岁的刘景谦,成为刘胡兰的继母,她对胡兰子视如己出,教给刘胡兰做人做事的道理,告诉她红军是穷人的队伍,红军是救中国的队伍,奠定了小姑娘投身革命的思想基础。很快,刘胡兰就成长起来,成了云周西村儿童团团长。当时有两个经常给村里送信送文件的小通信员,还和刘胡兰成了很好的朋友。1943年4月，云周西村被日本鬼子包围，两个小通信员为了掩护区长，一边大喊，一边一个往东走，一个往西冲，把敌人引开。区长含着眼泪突围成功，两个小通信员壮烈牺牲。刘胡兰掉着眼泪安葬了两个小伙伴，也第一次懂得了革命离不开流血牺牲的道理。

1945年11月，刘胡兰参加了文水县党组织举办的妇女训练班，回村后担任妇救会秘书，与其他党员一起进行着种种抗日活动。1946年，刘胡兰光荣地成为一名预备党员。第二年，刘胡兰被叛徒出卖，面对血淋淋的铡刀，她丝毫没有退缩，和之前的那些榜样一样，为了保护革命的果实，壮烈牺牲。毛主席为她题词"生的伟大，死的光荣"，她的故事国人耳熟能详，她的精神影响至今。而支撑着她做出选择的，是坚定的信念，是崇高的理想，更是对火种的保护，对国家、人民的无限忠诚。

事实上，在那个战火纷飞的年代，作为革命老区的山西，有无数巾帼英雄，和刘胡兰一样，不爱红装爱武装，拿起钢枪投入反抗日本帝国主义和反动政府的斗争中，保护革命的火种发展壮大，形成了山西特有的女英雄群像。在同朔大地写下最壮美英雄诗章的印尼爱国归侨李林，遭受酷刑、右眼被挖、左腿骨折、最后被腰斩成三段也不泄露秘密的16岁共产党员尹灵芝，以及安泽县的王光，都是其中的代表。

今天福建厦门集美中学南薰楼东侧，一座命名为李林园的小花园、一尊李林骑在马上向敌人射击的雕像，加上旁边的李林烈士纪念馆，共同勾勒刻画出了集美中学这位"英雄校友"短暂而伟大的一生。李林是福建省龙溪县人，出生于1915年，3岁时随养母侨居

牺牲时的刘胡兰

印尼爪哇。当时的爪哇是荷兰的殖民地,爪哇人民深受荷兰统治者的压迫,李林从小就深深懂得没有祖国做强大后盾的痛苦。14岁这一年,李林高小毕业,当时正处于经济危机之中,爪哇和荷兰资本家在"挽回权利"的借口下,疯狂排华,李林父亲经营的企业在这场风暴中遭受到了沉重打击。幼小的李林不得不离开爪哇,带着继续求学的心愿,怀着对帝国主义者的满腔愤恨,回到了祖国,一边在集美中学读书,一边寻找着自己心中的振兴中华之路。

在集美中学,李林亲身感受到了中国所遭受的连年战争的痛苦。受到校主陈嘉庚先生爱国主义精神的巨大影响,她开始积极参加抗日救亡运动。1931年,九一八事变发生,抗日救亡运动立刻如火如荼,席卷全国。勇敢的李林放下书本,开始投身抗战之中。1935年12月9日,北平爆发了空前规模的抗日救亡运动,在全国各地引起了强烈反响。12月20日,当时在上海的李林和其他同学一起,高

125

喊着"严惩宋哲元""释放北平被捕同学""一致抗日"的口号,迈进了上海各校学生抗日游行示威的行列。12月下旬,上海又组织了一次大规模的游行示威。两次示威游行过后,在斗争中逐渐成长起来的李林,光荣地加入了中国共产党,和许多平津的青年学生一起,来到已经成为抗日前线的山西。

1937年7月7日卢沟桥事变后,李林坚决要求到前线去工作。党组织派她前往雁北地区。就像一只自由翱翔的大雁一样,李林在雁北开展了各种抗日救国活动:向群众宣传救亡理念,在村里组织抗日游击队,举办各种干部培训班。在日复一日的斗争中,英姿飒爽的李林不仅写出了一手好文章,更练就了一身好骑术,甚至可以骑在马上双手开枪。她带着队伍转战雁北各地,一次又一次地粉碎了敌人的"扫荡",接连取得许多重大胜利。对于这位骁勇善战的女英雄,敌人恨得咬牙切齿,悬赏巨额资金,张贴布告捉拿李林。但积极抗日的雁北人民对她却是无限热爱,将她看作巾帼英雄,无数次地帮助她躲开了敌人的追击。

由于李林所在的洪涛山抗日根据地处于日军占领地区腹心,严重威胁他们,所以日军千方百计要摧毁它。他们投入的武器和装备越来越好,"扫荡"的次数越来越密集,我方牺牲的人员越来越多,反"扫荡"的对策越来越难以执行。1940年4月,日军集中了上万兵力,对晋绥边区进行"扫荡",边区机关干部和群众500多人被包围,李林率一支骑兵小分队奋勇冲杀,掩护大家突围,最终将日军成功引开,自己却被围困在一个山顶上。李林把文件包藏好,让两名通信员先走,自己一颗一颗打光了驳壳枪的子弹,小手枪里也只剩下最后一粒子弹。眼看日军越来越近,李林见突围已不可能,毅

第三章　保护火种

然将这颗子弹射进了自己的喉部,壮烈牺牲,年仅24岁。李林牺牲后,中共中央妇委沉痛哀悼,延安《新中华报》《中国妇女》等都刊登了李林烈士的英雄事迹,沉痛悼念这位英勇的女抗日英烈。

1931年3月12日,尹灵芝在寿阳县赵家垴村呱呱坠地。可是,她的出生并没有给这个贫寒的家庭带来一丝欢乐。在她很小的时候,母亲和弟弟就因为贫病交加,相继离开人世,尹灵芝和当长工的父亲尹尔恭、妹妹相依为命,饱尝人间辛酸,在她心中,总是渴望有一天可以过上幸福的生活。1940年,当党的抗日工作在盂寿县开展后,尹灵芝的父亲尹尔恭加入中国共产党,并担任村抗联主任,悄悄配合党的工作,在县城里割电线、埋地雷、抓汉奸、抗粮减租等。尹灵芝也在父亲的影响下,进入抗日小学学习并担任了儿童团团长。这段日子,是她最开心、最充实的时光,她总是唱着"我们是儿童军,我们是抗日战争的先锋队,我们是新中国的主人公。莫说我们年纪小,我们能做大事情。我们生在炮火里,我们长在战斗中……"的歌曲,带领小伙伴们为战士们站岗放哨、宣传抗日,做一些力所能及的事情,忙得不可开交。抗战胜利后,工作能力突出的尹灵芝又担任了村妇救会副主任,组织群众挖地道、做军鞋,火线送饭,运送伤员,和国民党反动派进行着不屈不挠的斗争。当时大家口耳相传、唱得最多的一首《"五不"运动歌》:"不告诉敌人一句实话,不告诉谁是干部和八路军,不要敌人的东西不上敌人的当,不报告窑洞和粮食,不给敌人带路",更是在尹灵芝的心田种下一颗坚守革命立场的种子。

1947年,为了保护18000斤公粮不落入敌人手中,尹灵芝被敌人抓住,关押在宗艾镇。随后,敌人在15天里先后对尹灵芝进行了七八次审讯，尹灵芝坚决不肯说出粮食的藏匿地点，敌人就对她钉竹签、烫烙铁、坐老虎凳、浇开水，甚至挖掉了她的右眼、打断了她的左腿，实施种种酷刑，尹灵芝几天之内就被折磨得奄奄一息，但是，她始终为革命保护着这 18000 斤公粮，什么都不肯说。敌人终于失去了最后的耐心，1947 年 11 月 3 日，尹灵芝和同时被捕的几位难友被押入刑场内。在用刺刀刺死几位共产党员后，敌人又对尹灵芝展开了最后的"攻心战"，被尹灵芝断然拒绝后，阎军头领恼羞成怒，下令立即将尹灵芝斩为三段……这位年仅 16 岁的女英雄，还没等到革命胜利的那一天，便被敌人残暴杀害，匆匆离去，长眠于这片她深深热爱着的土地。

在安泽，每年 4 月，漫山遍野盛开着美丽的连翘花，每一朵在微风中摇曳的花儿，似乎都在无声地诉说着那个美丽的革命大姐姐——王光的故事。1920 年，王光出生于山西运城，从小被卖到地主家做丫头，不堪屈辱的她逃离虎口，被一家好心人收为养女，先后就读于运城女师附小和运城中学，接受了进步思想。抗战爆发后，她积极投身抗日救亡运动，1939 年加入中国共产党，负责罗村、翟村一带的妇女救亡工作，将这一带的妇女救亡工作开展得轰轰烈烈，被妇女们亲切地称为"革命的大姐姐"。1941 年，党组织派她到安泽县担任一区区长、区委书记，她积极投入工作中，发动群众开展生产，组织妇女纺线织布做军鞋，有力地支援了八路军在前线的战斗工作。

1943 年，日军对岳南根据地展开残酷的"钳形合围""铁滚扫荡"，扬言要变根据地为"无人区"。王光担任一区反"扫荡"总指挥。10 月的一天，她率上寨民兵掩护群众转移，途中被敌人抓获，

第三章 保护火种

毛主席题词"生的伟大,死的光荣"

受尽酷刑仍坚贞不屈,最后被灭绝人性的日军开膛破肚挖去心脏,壮烈牺牲,年仅23岁。王光烈士遇难以后,群众自发地把王光烈士的遗像挂在了当地的一座庙宇里。直到现在,逢年过节时,当地的群众仍然惦记着要给王光烈士上一炷香,表达对她的缅怀和敬意。

除了刘胡兰、李林、尹灵芝、王光以及襄垣县偏城妇救会主席朱坚、繁峙县妇救会宣传部部长兼六区妇救会主任赵明升等青史留名的女英雄,整个新民主主义革命时期,到底有多少像她们一样的女共产党人为革命事业献出自己宝贵的生命,我们可能永远无法统计;还有多少默默为前线将士缝补衣裳、运送公粮、抢救伤员甚至贡献家产的女性，我们更永远无法得知。巾帼何须让须眉，不爱红装爱武装，正是因为这些无数革命先驱的无畏牺牲和勇敢战斗，才得以让革命的火种延续下来，变得更兴旺、更热烈，最终迎来了全国解放，迎来了新的世界。

中华人民共和国成立后，刘胡兰的革命精神没有消失，刘胡兰的坚强意志一直存在。除了不断演出的民族歌剧《刘胡兰》，除了刘胡兰烈士纪念碑前永远鲜艳的花环，1964年10月，刘胡兰民兵班在刘胡兰家乡文水县刘胡兰镇云周西村组建，同年12月24日，经省军区批准命名，刘胡兰的妹妹刘芳兰任第一任班长。建班以来，班里的队员换了一茬又一茬，但她们永远传承着"队伍不散、精神不倒、为人民服务宗旨不变"的新"胡兰精神"，积极投身于社会主义建设之中。如今的太原矿山机器集团有限公司中还有着一个以刘胡兰命名的、全部由巾帼英雄组成的小组。这些新时期的女子，同战争时期不爱红装爱武装的女英雄们一样，都在自己的岗位上为国家进步做出了巨大的贡献。

因为热爱，才做到奉献；因为坚守，才赢得尊敬；因为平凡，才更显示出伟大。今天，我们更需要刘胡兰精神，更需要每一个人在各自的岗位上敬业、奉献，因为，只有大家共同努力，我们才不会辜负革命先烈为新中国抛头颅洒热血的牺牲，革命的火种才能越燃越旺，我们的祖国才会更加繁荣昌盛！

第四章

弘扬火种

红日在东方升起,正义在纵情歌唱,这革命的跳跃的火种啊,在光荣的共产党人手中,遍布四方!

西沟深处有人家

1955年,毛泽东主席特意给《中国农村的社会主义高潮》这本书中介绍西沟的文章写了编者按,指出:"这个合作社的经验告诉我们,如果自然条件较差的地方能够大量增产,为什么自然条件较好的地方不能够更加大量地增产呢?"今天的西沟,已经从石头的海洋、贫瘠的家园,变成了花朵的海洋、美丽的家园。西沟风貌的改变,是以李顺达和申纪兰为代表的共产党员努力的结果,也是每一个西沟人共同奋斗的结果。

中华人民共和国成立前的西沟村是一个"光山秃岭乱石沟，庄稼十年九不收"的穷山沟，这个太行山深处的小山村，有大小山头232个，深浅山沟230多条。就像民谣唱的那样："山连山，沟套沟，山是光头山，沟是乱石沟，冬季雪花卷风沙，夏天洪水如猛兽。"

1930年，15岁的李顺达从河南林县东山底村逃荒来到西沟，在这同样贫瘠的小乡村度过了一段艰难困苦、食不果腹的日子。1938年，中国共产党领导的八路军来到了太行山区，在这里建立了抗日根据地，李顺达第一次看到了人生的希望。在随后开展的"减租减息"中，李顺达在党的领导下，带领当地劳苦大众取得了一系列胜利。当年2月，平顺县第一个秘密基层党组织在西沟成立；7月，李顺达成为一名光荣的共产党员。此后，他积极响应根据地政府的号召，一面带领群众发展生产，一面组织民兵配合八路军抗击日军。1939年，李顺达还在西沟村民兵自卫队中担任自卫队队长，带领西沟民兵一手拿枪一手拿锄头，前后参加了17次战斗，有力地推进了当地八路军对日军的反"扫荡"行动。

1941年到1943年，抗日战争进入极端困难时期，太行老区人民在日本侵略者的疯狂"扫荡"、国民党顽固派降日反共以及连年自然灾害的影响下，只能靠采树叶、挖野菜、吞草根、食咸土充饥度日，太行区受灾人口占到总人口的一半以上。为确保农业生产顺利进行，西沟村接连成立了农会、青救会、妇救会、武委会等各种抗日救国群众团体。李顺达白天带领民兵劳动，晚上组织练武，开展生产自救。1942年，西沟村被晋冀鲁豫边区政府表彰为"劳武结合模范村"，李顺达被平顺县抗日政府表彰为"劳武结合英雄"。但是，

第四章 弘扬火种

粮食问题一直没有得到很好的解决。人们不仅以糠为食,饿极了连树上的树叶都会被吃光。为了克服因日军"扫荡"和自然灾害带来的困难,响应党中央"组织起来,发展生产"的号召,面对老西沟"石头山、石头沟、没土全石头,谁见也发愁"的现状,经过一番冥思苦想,1943年2月的春忙时节,在与群众讨论后,李顺达联络了宋金山、李达才、路文全等6户农民,把村中分散的劳动力集中起来,成立生产互助组,分工协作互相帮助,建立了在全国成立较早的农业劳动互助组——李顺达互助组,从此开启了西沟人民"向自然要粮"的新模式。

李顺达的互助组,是响应毛泽东和边区政府"组织起来""生产自救"的号召而建立的全国第一个农业生产组织。为了永远改变西沟村穷山恶水的面貌,在党的精神指引下,在李顺达的带领下,组员之间开展了"我有半口汤,不能让你饿得慌"的互救活动,制订了开荒30亩的生产计划,组织组员以计工方式开荒种菜,以菜充粮,以菜接粮。其他村民也纷纷要求参加,不到一个月时间,互助组由6户发展到16户,改为互助拨工大队,李顺达任大队长。此外,互助组还把西沟村妇女也组织起来,成立了纺织、喂猪小组。

从此,西沟人起早摸黑,奔走在开田、植树、修坝的工地上,在石头山上见缝插针栽树,把流河沟边角开垦成地。上山栽树的时候,老百姓最早也想不通,觉得这个山上要能栽了树,早就有人栽上了。可李顺达不断鼓励大家,毛主席说星星之火可以燎原,有一棵就不愁一坡,一定要干下去。就这样从冬末干到春天,互助组共开荒35亩地,全部种上了蔬菜,到夏季蔬菜成熟时节,吃都吃不完。一年之后,西沟村不仅发展了生产,村民们参军、参战、支援

前线还样样都不耽误,村中"山上造林,河沟修地,组织合作社,改造大自然"的发展计划让西沟村原本贫困的生活逐渐变得殷实起来,一个几乎不具备生存条件的村落建成了全国闻名的模范村。

做出了成绩,荣誉也接踵而来。1943年,李顺达和母亲郭玉芝在平顺县召开的劳英会上荣获了头名状元,县里还奖励了李顺达一头大黄牛、郭玉芝一架纺织机。随后,李顺达又参加了全边区组织的头等劳动英雄大会,荣获第5名,邓小平同志亲自奖励了他一头

西沟展览馆外景

大黄牛。就在这一年的11月29日,毛泽东在陕甘宁边区劳动模范大会上提出,互助合作"这是人民群众得到解放的必由之路,由穷苦变富裕的必由之路,也是抗战胜利的必由之路"。这篇题为《组织起来》的讲话,为后来的中国农业互助合作发展道路指出了方向。1944年11月,李顺达又作为互助组带头人,出席了太行区第一届群英会,被评为"生产互助一等英雄",领到了奖品一头大黄牛和一面写有"边区农民的方向"的锦旗。1948年,平顺县人民政府专门颁发给李顺达"劳动起家"牌匾，这块匾至今仍然悬挂在李顺达的老宅大门上。这面奖旗也从那时起，一直高高地飘扬在太行山上。

就在西沟村热火朝天建设家园的时候，1946年，18岁的申纪兰从山南底村嫁到西沟，正好赶上了西沟的建设高峰，赶上了那个热血沸腾的年代，从此，申纪兰的命运就与西沟紧密地连在了一起。1951年，李顺达互助组向全国发出"开展爱国丰产竞赛运动"的倡议，倡议书登上了《人民日报》头版，当时全国各地有1938个互助组和1681名劳模迎战，引发了一场"全国性的爱国主义生产竞赛热潮"。1952年，上级批准李顺达等28户农民创办了"西沟金星农林牧生产合作社"，李顺达被选为社长，申纪兰为副社长。由于合作社实行了男女同工同酬和合理的"六定一奖"计酬办法，大大激发了社员的热情和干劲，粮食亩产比互助组时期增加了60多斤。当年，李顺达被中央人民政府授予爱国丰产"金星奖章"，成为全国著名的劳动英雄。

之所以实行同工同酬这种新的计酬方法，还是申纪兰的功劳。早在1950年，申纪兰就联络了十多个要好的姐妹加入互助组。1952年，申纪兰担任合作社副社长之后，上任的第一件事，就是动员姐妹们打破"好女走到院，好男走到县"的陋习，下地劳动。但是妇女们发现，男劳工干一天记工分10分，女劳力则记5分，这大大挫伤了妇女的积极性。于是，申纪兰就带着西沟妇女和男人们开展了一场富有历史意义的劳动竞赛，争得了男女同工同酬的权利。1953年1月25日，《人民日报》以《劳动就是解放，斗争才有地位——李顺达农林畜牧生产合作社妇女争取同工同酬的经过》为题，报道了她们的事迹，申纪兰成为现代中国农村妇女争取同工同酬的第一

第四章 弘扬火种

人,引起了强烈的社会反响。从此,申纪兰的事迹逐渐传遍了全国。后来,"男女同工同酬"被正式写入《中华人民共和国宪法》:"国家保护妇女的权利和利益,实行男女同工同酬",改变了千千万万妇女的命运。

男女同工同酬和合理的"六定一奖"计酬办法,大大激发了西沟社员的热情和干劲,不但粮食亩产增加了,西沟人还在4千米长滩和7条大沟内修筑疏洪大坝10000多米,修筑涵洞1000余米,修筑拦洪坝、谷坊800余座,修造梯田900亩,沟滩造田500亩,肩挑车推,动用土石方250多万立方米,打造出了美丽的崭新的家园。就这样,以李顺达、申纪兰为代表的西沟人,经过十几年的治山治沟、拦洪筑坝,绿化山林,从一棵苹果树栽起,终于把西沟变成了绿化率大大提高的绿色西沟。1955年,毛泽东主席特意给《中国农村的社会主义高潮》这本书中介绍西沟的文章写了编者按,指出:这个合作社办了三年,变成了一个包括二百八十三户的大社。……由于大家的努力,三年功夫,已经开始改变了面貌。劳动力的利用率,比抗日以前的个体劳动时期提高了百分之一百一十点六,……比建社以前增加了百分之二十五点一,……这个合作社的经验告诉我们,如果自然条件较差的地方能够大量增产,为什么自然条件较好的地方不能够更加大量地增产呢?

1953年初,申纪兰加入中国共产党,被评为全国劳动模范。4月,她被选为全国妇女代表,出席了第二次全国妇女代表大会。5月19日,申纪兰还作为中国妇女代表团成员,出席了在丹麦首都哥本哈根举行的世界妇女大会。在今天的西沟展览馆里,保留着几张申纪兰参加妇女大会的照片,照片上的她,穿一袭旗袍,细眉弯弯,端庄典雅里透着几分羞涩，眼睛很亮，神情虔诚，这份对党、对人民的忠诚，从1946年至今，伴随着西沟的腾飞发展，延续了70多年，一直如星光一般，闪烁在申纪兰的眼睛里。1954年，申纪兰当选为第一届全国人大代表，参加了第一届全国人民代表大会，从25岁第一次当选至2020年，她是唯一的连任十三届的全国人大代表。历年来，申纪兰先后荣获"全国劳动模范""全国优秀共产党员""全国脱贫攻坚'奋进奖'""改革先锋"等称号，毛泽东、邓小平、江泽民、胡锦涛、习近平等几代国家领导人都亲切接见过她。2009年5月25日，习近平为她题词"太行精神光耀千秋，纪兰精神代代相传"；2019年，申纪兰还和钟南山等人一起，获得了"共和国勋章"。几十年来，不管到哪里，不管担任任何职务，申纪兰始终强调"我的户口在农村，我的单位在西沟，我的身份是党员，我的级别是农民"，坚持"不领工资、不转户口、不定级别、不坐专车、不要住房、不脱离农村"的原则，保持着最朴素的精神风貌。

党的十一届三中全会后，面对席卷全国的农村改革大潮，申纪兰带头在西沟村实行了家庭联产承包责任制，全村经济总收入、粮食产量、人均收入均有大幅度提高。申纪兰自己出差办事，给村里联系业务，从来就是坐班车，或者是搭个顺车，到外头住的是最便宜的旅馆，吃的是最便宜的饭，为村里贴了很多钱，从来也没有报销过一分钱。党的十八大以后，申纪兰又坚持以习近平新时代中国特色社会主义思想为指导，带领群众发展生态经济、绿色经济，创办扶贫工厂，着力推动脱贫攻坚、乡村振兴。2013年，为响应国家号召，西沟村关停了污染企业，开始走一条发展绿色经济的道路。光伏大棚、香菇种植、土布刺绣、观光旅游、森林休闲、田园采摘、

第四章 弘扬火种

农产品开发等产业发展欣欣向荣。近几年，西沟村更是顺应国家发展经济的政策，造林绿化总面积达到了 25000 亩，森林覆盖率达 90%以上，已建成观光旅游、森林休闲、田园采摘、农产品开发四大园区，成为全国农业旅游示范点。"中国西沟""凤毛麟角""麒麟玉标"以及富有民族传统教育和社会主义荣辱观教育意义的大型浮雕壁画相继完成，果汁、矿泉水生产线、酒店等产业的建成，都成为西沟村品牌化经营、打造名牌产品、推动经济发展的成功典范。西沟村已经初步形成了建筑建材、冶炼化工、农副产品加工和外向型企业为主的新格局，成为"看得见山，望得见水，记得住乡愁"的美丽乡村。

更难得的是，多年来，西沟村村委一直对群众承诺，"不让一户群众住危房，不让一个群众看不起病，不让一个学生上不起学，不让一个家庭生活在贫困中"。西沟村里电、水、种子、化肥、农药、子女上学、科技服务等适当减免，统一管理，实现了"少有所教、老有所养、人有所干、病有所看、乐有所从"，在太行山区乃至全国创造了一个又一个"第一"。这份对党忠诚、信念坚定、不怕困难、勇于进取的精神，不仅决定了西沟的蓬勃发展，还辐射着周边乃至全国各省市，影响着一代又一代的后来人。

2020 年 6 月 28 日凌晨，申纪兰在山西长治逝世，享年 91 岁。从过去的荒山植树造林，打坝造堤，到今天发展社会主义市场经济，申纪兰始终听党话跟党走，带领西沟的干部群众一直走在前头。在她的精神感召下，数以万计的第一书记带领大家脱贫致富；在她的精神感召下，全国无数共产党员全力奔赴新的战场；在她的精神感召下，三晋大地上每天都在发生新的奇迹！

为有牺牲多壮志

山西省朔州市右玉县,原本是一片不毛之地,中华人民共和国成立后近70年时间里,在历任县委书记的带领下,右玉人民自力更生、艰苦创业,从上到下一条心,坚持一个目标不动摇,硬是把一个快要被沙漠吞噬的地方变成了塞上绿洲,也锤炼出了共产党员、领导干部不忘初心,时刻以党的利益、人民利益为重而持续奋斗的右玉精神。右玉精神所凝结的坚守与奋斗,在右玉、在山西乃至全国都产生了深刻影响。

第四章　弘扬火种

　　家园，是让每个人一生都魂牵梦绕的词。一缕炊烟，一条小河，一片郁郁葱葱的树林，是童年，是晚年，是身体的芳草地，更是灵魂的栖息地。没有人不希望自己的家园四季如春、宁静温暖，但现实中，总有一些地方难尽如人意。

　　地处山西省与内蒙古自治区交界处的山西右玉，位于塞北高原的风口前沿，气候高寒干旱，距毛乌素沙漠仅百千米左右，生态环境曾经极为恶劣。《朔平府志》记载："每遇大风，昼晦如夜，人物咫尺不辨，禾苗被拔，房屋多摧，牲畜亦伤。"中华人民共和国成立初，全县仅有残林8000亩，森林覆盖率不到0.3%。"一年一场风，从春刮到冬；白天点油灯，黑夜土堵门；风起黄沙扬，雨落洪成灾；男人走口外，女人挖野菜"是当时的真实写照。有人曾描绘当年的景象："风来了一般都是从西北方向，铺天盖地。我们在教室里上课，马上黑得就啥也看不见了，一切都看不见了，然后就点灯继续上课。"是离开此地去往更好的他乡，还是留下来含辛茹苦地建设自己的家园？许多右玉人都曾面对过这样的两难选择。

　　2017年9月27日晚，北京保利剧院座无虚席。一口浓郁的右玉口音，一股不屈的倔强劲儿，一群兢兢业业的演员，一个半小时的表演，无数次赢得首都观众的热烈掌声——大型音乐舞蹈史诗《为有牺牲多壮志》第一次赴京演出，引起了社会各界的强烈反响。2018年，电视剧《右玉和她的县委书记们》在中央一套黄金时间播出，获得了非常好的收视率，接连获得中宣部第十五届精神文明建设"五个一工程"奖、第32届中国电视剧飞天奖优秀电视剧奖。右玉人民在中华人民共和国成立后近70年时间里，自力更生，艰苦创业，把一个不毛之地变成了塞上绿洲的故事，迅速在神州大地传播开来。

1949年，右玉首任县委书记张荣怀上任。行走在右玉的荒山秃岭间，他看到的是"十山九秃头"的荒凉，听到的是老百姓"春种一坡，秋收一瓮；除去籽种，吃上一顿"的哀叹。在"沙进人退"的逼迫下，一家一家抛弃自己的家园走西口逃荒，甚至到了举县搬迁程度的情景深深刺痛了书记的心，难道就没有什么办法可以抵抗风沙吗？上任第二天，张荣怀带上水壶，开始在全县徒步考察，终于，在一个长满了树木的偏僻山沟，张荣怀找到了答案。因为有树的庇护，这里的土豆、莜麦等作物的产量，要比其他地方高出好几倍。

从此，植树造林防风固沙，改善生存环境，既是人民群众生存发展的第一要务，也成了县委、县政府执政为民的第一任务。从20世纪50年代张荣怀提出"右玉要想富，就得风沙住。要想风沙住，就得多栽树。要想家家富，每人十棵树"的目标起，全县干部群众积极开展爱国造林竞赛活动，拉开了绿化右玉大地的序幕。"为有牺牲多壮志，敢教日月换新天"，此后的70多年，右玉县委、县政府的领导换了许多任，但他们都在坚持不懈地绘制着同一张蓝图，一根筋念着同一本经，植树种草改善生态环境的思路从未动摇，摸爬滚打在种树第一线的做法从未改变，全县森林覆盖率由不到0.3%提高到52%以上，创造了令人惊叹的奇迹，铸就了习近平总书记所说的"全心全意为人民服务，是迎难而上、艰苦奋斗，是久久为功、利在长远"的右玉精神。

放眼全国，没有哪个地方如同右玉一样，用半个多世纪的时间

第四章 弘扬火种

将风沙肆虐的荒漠变成了水草丰美的绿洲;没有哪个地方如同右玉一样,历任县委领导班子在长达几十年的时间里都坚守着同一目标,同一方向,一任接着一任干,一张蓝图绘到底。为了植树,县委书记们殚精竭虑,调动一切可以用到的力量,发明了很多方法,地图、铁锹和水壶成了他们必备的三件套。每一任县委书记背后,都有一段感人的种树故事。

1953年,第二任县委书记王矩坤在职期间,右玉遇到了一场罕见春荒,国家给右玉下拨了80万斤玉米,王矩坤就和班子成员商量,村民每种一亩树,发给30斤玉米作为劳动报酬,让"救灾粮"变成"植树粮"。在他的号召下,群众一呼百应,家家户户、男女老幼喊着"背锅带灶"的口号,上山植树,仅仅一个春天,右玉全县就造林3万余亩。这一场战役打下来之后,右玉造林获得了初步的成功。

但是,树木存活率依然不高,尤其是位于马营河和苍头河交汇处的三角地带,原本这就是一条20多千米长、4千米多宽的大沙梁,也是个大风口,每场大风都是先从黄沙洼呼啸而来,转眼之间就黄沙蔽日、天昏地暗,而且黄沙洼每年都会南移,吞噬了许多人的家园。第四任县委书记马禄元下定决心要封住黄沙洼,啃下硬骨头!他带着全县人民,根据摸索出来的"挖坑要挖元宝坑,栽树要栽小老杨"的经验,种下了9万多棵树苗。可是没想到,到了秋天,右玉县遭遇了罕见的大黄风,连刮9天9夜,9万多棵树苗绝大多数都成了光杆。马禄元虽然难过,却没有气馁,和第五任县委书记庞汉杰一起,请来科研考察队,一次次徒步勘察,一次次思考研究,最终根据风沙旱情的实际要素,因地制宜制订了一整套科学造林方

案——给树木"戴帽""穿靴""扎腰带""贴封条",最终实现大片造林 14 万亩。

庞汉杰有严重的胃病,上级原本打算调他到其他富裕的县,他却坚持留在右玉种树,一干就是 7 年。他翻阅历史资料,弄清了右玉县树木难活的症结:原来,右玉城始建于明代洪武年间,这座西北边陲重镇,因为战乱频仍导致多次重建。地下堆积了 1 米多厚的瓦砾灰渣,再加上本地干旱少雨,因此树木难以存活。于是,庞汉杰就在县委大院门前深挖了 6 个树坑,仔细清理杂质,换上从城西

右玉水草肥美的绿洲

河湾地里运回的熟土,栽下 6 棵杨树,按时浇水,精心养护。第二年,这 6 棵树全部存活,用事实印证了他的理论。

1977 年,第 11 任县委书记常禄发现,植树需要大量车马和人力来驮、挑、拉水、爬坡、上岭,在有些沙地,一担水浇下去,瞬间就不见了踪影。常禄就尝试着在七八月雨季造林,不仅省时省力,还有可能提高成活率,经过试栽,一举成功。随后,右玉改为三季植树,植树造林进度大大加快。常禄号召干部队伍,"飞鸽牌"的干部要干"永久牌"的事情。还创造条件把右玉列入"三北防护林"

建设基地，极大地鼓舞了右玉人民，右玉林业种植进入了高速发展的时期，仅 1977 年，就完成大片造林 18.8 万亩，零星植树 97.8 万棵。这是右玉造林史上力度最大、进度最快的一年。由于积劳成疾，59 岁时，常禄不幸去世。临终时，他没有交待自己的家事，放心不下的只有右玉的未来，唯一留下的一句话是："树是右玉的命根子，要保护好。"

就这样，自从中华人民共和国成立以来，右玉历届领导班子始终从人民群众生存发展的根本利益出发，把植树造林、改善生态这项右玉最大的民生工程作为立县之本、执政之基，咬定青山不放松，带领干部群众摸爬滚打在植树造林第一线，顽强执着地为右玉大地披绿增翠，构建出右玉以生态畜牧为主导，大力发展生态旅游的农村经济发展新格局，走出了一条生态建设、人居环境、经济效益三者统一的科学发展之路，建设起了右玉人民的美好家园。

右玉就这样创造了令人惊叹的发展奇迹，孕育了弥足珍贵的右玉精神。右玉精神展现出的是共产党员不忘初心，时刻以人民利益为重而持续奋斗的精神境界。右玉精神所凝结的坚守与奋斗，在右玉、在山西乃至全国都产生了深刻影响。这种精神，不仅体现在县委领导们对植树造林的绿色坚守上，更体现在广大民众在岗位上的信念有恒和默默奉献上。过去的右玉，每个机关单位办公室门后都放着一把铁锹。这么多年来，机关干部义务造林 30 多万亩，先后营造了文教林、政法林、财贸林、宣传林等十几个造林基地，右玉全县干部群众义务植树累计达 2 亿多天。近年来，右玉地下探明煤炭储量达到 34 亿吨，但右玉人始终坚持让煤埋在地下，舍弃这可能会污染环境破坏家园的黑金，追寻着绿色生产力。如今矗立在右玉小

第四章 弘扬火种

南山的绿化丰碑,就像一个"人"字形的大树合抱而成,正是千千万右玉人民的合力、一代代人为家园的幸福做出了巨大的牺牲,才铸就了这座天地之间的绿色丰碑。

习近平总书记在山西视察时多次讲到"右玉精神",他强调,右玉的可贵之处,就在于始终发扬自力更生、艰苦创业、功在长远的实干精神,在于始终坚持为人民谋利益的政绩观。要有"功成不必在我"的境界,一张好的蓝图,只要是科学的,切合实际的,符合人民愿望的,就要像接力赛一样,一棒一棒接着干下去。"右玉精神"是宝贵财富,一定要大力学习和弘扬。

守着这份宝贵的财富,右玉县干部群众将自力更生、艰苦创业的右玉精神投射到了轰轰烈烈的脱贫攻坚战场,右玉县曾经是朔州市唯一的国定贫困县,迎难而上、艰苦奋斗、久久为功、利在长远的右玉精神,为右玉的发展提供了巨大的精神动力。"绿水青山就是金山银山"的理念,成为右玉发展的行动指引。2018年,右玉在全省率先脱贫摘帽,2019年城乡人均可支配收入增幅接近10%,曾经走口外的右玉人如今上演的是"雁还巢"。

2020年习近平总书记视察山西时又一次指出,要牢固树立"绿水青山就是金山银山"的理念,发扬右玉精神,统筹推进山水林田湖草系统治理。如今,苍头河沿岸生态工程给当地文化旅游提供了绿色基础,杀虎口生态治理工程从单一种树转向山水林田湖草系统治理,提升了流域生态品质。右玉的绿色产业已经初具规模:75万只羊、40万亩小杂粮、4.2万亩多样化种植土地、20多家绿色农业龙头企业……生态红利非常丰厚。右玉人民没有满足于此,2020年,右玉人民仍然继续坚持着背苗开路、一坑坑"抠"、一棵棵种、终于把树种满了最后一片宜林荒山。未来5年，右玉还将在全域绿化后继续实施19个产业项目，继续深化右玉全域绿化工程。

  2017年6月6日，右玉干部学院正式成立。这是中共山西省委、省政府为继承弘扬右玉精神这笔宝贵的精神财富而做出的重大决策。所有来这里学习的学员都会去右玉老城、黄沙洼、南山森林公园绿化纪念碑等教学点现场参观学习，迎着风，冒着雨，重温入党誓言，并像右玉人民一样亲手种下一棵树。如今，不仅是在右玉，在山西大地上，爱绿、植绿、护绿的浓厚氛围已经形成，人人都做种树者，久久为功绿三晋，右玉精神已经深入每个人的心里。所有人不仅在地里种下了一棵棵树苗，也在心里种下了迎难而上、艰苦奋斗的精神，种下了全心全意为人民服务的宗旨意识和党性观念，种下了久久为功、利在长远的坚定正确的政绩观，种下了新时期的新火种、新时代的新希望。

山东省东营市广饶县《共产党宣言》陈列馆／供图

55年5个人的守护

一本宽12厘米、长18厘米、一共56页的纸质小书，历经战火硝烟，依然被完好地保存了55年！这是多么伟大的壮举，又是多么不可思议的奇迹！这个壮举能够发生，这个奇迹能够出现，是因为对共产主义不变的信仰，是因为对火红旗帜永恒的热爱，也是因为，这本辗转流传的小书，牵连的不仅仅是最后拥有者刘世厚一个人的命运,还有其他 4 名共产党员转交的火种、全心的信任,甚至最后的嘱托!

6 岁的山东男孩刘鸿业知道,自己是爷爷刘世厚捧在手心里的宝贝,爷爷一见自己就笑,想吃啥爷爷给买啥,想去哪爷爷都带着去,有了委屈跟爷爷说肯定能解决,基本上想怎么样都行。可让刘鸿业不高兴的是,爷爷还有一件长在心尖尖上的宝贝。刘鸿业偶然间发现,每到下雨天,爷爷就会从一口柜子里把这个宝贝拿出来,摩挲一阵,念叨一阵,然后用蓝布包袱仔仔细细包好,小心翼翼地放进一个上了漆的盒子里,最后再放进柜子里严严实实地锁住。刘鸿业有次忍不住好奇心,凑过去看,被爷爷一巴掌打开,严厉警告:绝对不能摸,不能碰!刘鸿业从来没有见过爷爷如此严厉,尽管非常不满,也不敢违背爷爷的意愿,只能乖乖听话。这个宝贝到底是什么呢?这个问题贯穿了刘鸿业的童年、少年时代,直到 20 多年以后,才解开了答案。

刘鸿业和爷爷刘世厚住在山东省广饶县刘集村,这是个美丽又安静的小村庄,门前溪水环绕,屋后绿树成荫,秋天有漫山遍野的红高粱,冬天皑皑白雪覆盖大地,孕育着新一年的好收成。可是,再优美的景色也掩盖不了所有刘集人心中那道永远的伤痕:1941 年 1 月 18 日,这里曾经发生过一场惨绝人寰的大屠杀,1000 多名日军突然包围了刘集村,密集的子弹漫天飞舞,丰收的大地沦为坟场,许多人失去了家园,失去了亲人,更多的人在屠杀中永远地葬身火海……在这一场史称"刘集惨案"的屠杀中,当所有村民都拼命要冲出村子逃往大山的时候,时年 50 岁已经逃出村的刘世厚突然又折

第四章　弘扬火种

了回去，在冲天的大火、满村的烟雾和呼啸的子弹声中跑回了家，不要命地把那个后来被他藏在柜子里的宝贝从家里拿了出来，贴身装好，才重新冒着枪林弹雨逃进了大山。

到底是什么东西值得刘世厚用自己的命来守护？没有人知道，没有人见过，有人问起刘世厚，他也总是憨憨地一笑不说话。然而，让所有人都没有想到的是，1975年，84岁的刘世厚当着许多人的面，一层层地打开了他的柜子、他的包袱、他的盒子，拿出了这件他用命换来的、珍藏已久的宝贝，含着泪久久地、轻轻地抚摸着，似乎这样，就能感受到老朋友们残存在它之上的温度，就能再看到那些亲爱的人殷殷的笑容……

就在这一年召开的全国人大四届一次会议上，周恩来总理见到了来参会的著名翻译家陈望道，他特意停下来询问陈望道："当年长征的时候，我就把《共产党宣言》当作'贴身伙伴'，如果能找到第一版本的《共产党宣言》，我真想再看一遍。"陈望道看着周恩来期待的目光，遗憾地摇了摇头。周总理很失望地长叹一声："这是马列老祖宗在我们中国的第一本经典著作，找不到它，是中国共产党人的心病啊！"这本周总理心心念念想要寻找的、陈望道翻译的1920年中文第一版《共产党宣言》，当时只油印了1000多本，到此时已经过去了55年，在交织着战火、贫困、饥寒和动乱的20世纪前期，怎么可能完好无损地保护下来？除非出现奇迹！

这个世界总有希望，相信奇迹的人，本身就是奇迹，这个奇迹，此时就在距离北京千里之外的广饶县，就在打开柜子的刘世厚老人手中。正是初秋时节，村中处处山明水净，屋前树树深红浅黄，与1941年凄惨萧条的景色相比，早已经换了人间。刘世厚老人依依不舍地最后抚摸了一阵这本周总理苦苦寻找的、自己用生命保护了43年的珍宝——最早版本的《共产党宣言》，连同一些早期中共地方组织人员的书信、油印文件，郑重地交付给广饶县革命文物收集小组，无偿将这些珍贵的资料捐献给了国家。如果从面世之日算起的话，这本宽12厘米、长18厘米、一共56页的小书，虽然历尽浩劫，依然被完好地保存了55年！这是多么伟大的壮举，又是多么不可思议的奇迹！

这次壮举能够发生，这个奇迹能够出现，是因为对共产主义不变的信仰，是因为对火红旗帜永恒的热爱，也是因为，这本辗转流传的小书，牵连的不仅仅是刘世厚一个人的命运，还有其他4名共产党员转交的火种、全心的信任，甚至最后的嘱托！

如今，这本最早的《共产党宣言》保存于东营市广饶县《共产党宣言》陈列馆。淡淡的红色封面上，居中是一张很大的马克思坐像，书的上端从右到左印有"社会主义研究小丛书第一种"，第二行印着书名"共党产宣言"，这是当年印刷不慎出现的错误。内文由五号字竖排，封底二自右向左竖排印有"一千九百二十年八月出版""定价 大洋一角""原著者 马格斯、安格尔斯""翻译者 陈望道""印刷及发行者社会主义研究社"等文字，封面左下角因为长期翻阅已经破损，封面首页右下角和左上角各盖了一枚印章，右下角为"葆臣"，左上角为"刘世厚印"。

右下角的"葆臣"，全名张葆臣，是济南早期的共产党员之一，也是拥有这本《共产党宣言》的第一人。张葆臣当年在济南道生银行供职，负责党内图书发行，所以能多次以银行职员身份做掩护，往来于济南和上海之间，并且从上海带回来许多进步书籍，这其中，

第四章 弘扬火种

就包括了这本珍贵的《共产党宣言》。后来，张葆臣把这本书送给了新加入党组织的济南女子职业学院女教师刘雨辉，刘雨辉得以成为拥有这本书的第 2 个人。她很喜欢这本小书，总是夜里放在枕边、白天带在身边，与其他党员们一起常读常新，到后来几乎可以全文背诵。1926 年春节，刘雨辉带着这本书回家乡广饶县刘集村过年，她意外地发现，刘集村在 1925 年就建立起了党支部，革命活动进行得如火如荼，刘雨辉激动不已，决定把这本珍贵的《共产党宣言》送给刘集村党支部书记刘良才，供所有人深入学习。就这样，刘良才成为拥有这本书的第 3 个人。拿到这本书的刘良才如获至宝，经常在晚上召集党员们学习这本"大胡子的书"上讲的理论知识。有了这本《共产党宣言》，有了马克思主义第一手的理论指导，刘集村的革命活动更加热气腾腾地开展了起来。

然而，1927 年，蒋介石在上海发动"四一二"反革命政变，大批共产党人遭到屠杀，轰轰烈烈的大革命失败了，刘集村党支部被迫转入地下活动。为了同志们的安全，上级党组织指示，凡是有关党的文件和书籍一律销毁。可面对这本珍贵的《共产党宣言》时，刘良才犹豫了，最终，他冒着抓住就要掉脑袋的危险，毅然将这本书悄悄保存了下来，继续在夜里上课，努力用理论知识提高大家的素养，这样的日子又持续了 4 年。1931 年，山东省委调刘良才赴别的地市工作，刘良才为了党课能继续开展，又在离开时把这本书交给了村党支部委员刘考文，刘考文于是成为拥有这本书的第 4 个人。鉴于当时的复杂情况，刘考文悄悄地把这本书珍藏了起来，想等到合适的机会再拿出来让大家学习。可是，1932 年 8 月，广饶县党组织遭到严重破坏，敌人大肆抓捕共产党人，意识到自己可能会暴露，刘考文就把这本书郑重地交给了村中憨厚老实、不引人注目的共产党员刘世厚，请他妥善保管。刘世厚答应下来，成为拥有这本书的第5个人、也是最后的一个人。可他当时根本没有想到，这一次随口的许诺，会重于泰山，会深如东海，要历尽波折，要持续一生。

刘世厚小心翼翼地保护着这本《共产党宣言》，盼望着同志们能早点归来，再和他一起认真地学习、讨论，共同进步，再闹革命。然而，他再也没有等到那一个个熟悉的身影，再也没能听到那一声声热情的呼唤。刘考文把书交给刘世厚后不久就被捕入狱，一年后，刘良才也被叛徒出卖，英勇就义。得知消息的刘世厚悲痛万分，同志们的嘱托成了肩膀上沉甸甸的责任，他下定决心，一定不辜负这最后的托付，把这本书收藏起来保护好，等待着这灼灼火种可以重新面世的那一天！

为了不让这珍贵的书籍落入敌人手中，刘世厚想尽了办法。刚开始，他用油纸把书层层包好，装进竹筒内吊在屋檐上。可他觉得不安心，怕敌人搜查时发现，又把书装入盒子，埋在床底下、藏在屋顶的瓦块下；后来，为了让敌人彻底忘了自己，他干脆抛家弃子，携带《共产党宣言》离开故土，沿路乞讨辗转来到胶东半岛，一去就是4年8个月……最终，等到风声过去，他回到家乡，把书秘密地封到了屋子山墙的雀眼（通气孔）里面，那是一个别人根本想不到的地方。在后来的岁月里，无论敌人怎么恐吓，怎么搜索，这本《共产党宣言》都在刘世厚的保护下安然无恙。直到1941年"刘集惨案"发生，刘世厚忽然觉得雀眼也不保险，虽然可以防盗防搜查，却不能防水防火灾。回到几乎坍塌的家中之后，他趁着重新修建房屋的机会，把书埋到了地下，又在埋书的地方砌了一座炕。这样，

第四章　弘扬火种

无论是火烧还是水淹，机枪还是大炮，都不可能再影响到这本书了。刘世厚稍稍安下心来，在之后的岁月里就这么一直秘密地妥善地保存着这本《共产党宣言》。直到中华人民共和国成立之后确认安全了，为了防潮才把它从炕里拿出来，放进柜子的小漆盒里，成为连最亲的小孙子也不得见的"宝贝"；又在1975年广饶县的革命文物活动征集中让它重见天日，重新回到了热爱它的人民手中。

这就是《共产党宣言》的传奇故事。这本薄薄的小书，就像一枚火种，曾辗转于山东早期共产党人之手，给了他们极高的理论素养和战斗依据，最终形成山东革命的熊熊燃烧之势；它就是一枚火种，在战乱年代温暖着那一个个或者健在的，或者逝去的崇高的灵魂，被所有珍惜它的人精心地守护着；它最终燃烧成了一片神圣而庄严的火焰，虽然经历了重重磨难，依然在阳光下坚定而有力地跳跃着！

参考文献

[1] 中共中央党史研究室. 中国共产党历史第一卷(1921—1949)[M]. 北京:中共党史出版社,2011.

[2] 中共中央党史研究室. 中国共产党历史第二卷(1949—1978)[M]. 北京:中共党史出版社,2011.

[3] 中共山西省委研究室. 中国共产党山西历史(1924—2011)[M]. 北京:中共党史出版社,2012.

[4] 胡苏平,杨茂林主编. 八路军在山西[M]. 太原:三晋出版社,2019.

[5] 叶永烈. 红色的起点:中国共产党诞生纪实[M]. 成都:天地出版社,2019.

[6] 李蓉. 中共一大轶事[M]. 北京:人民出版社,2015.

[7] 梁志祥主编. 当代山西简史[M]. 北京:当代中国出版社,1999.

[8] 中共晋城市委党史研究室编. 中国共产党晋城历史纪事[M]. 北京:中国言实出版社,1997.

[9] 忻州市党史办编. 中国共产党山西省忻州历史纪事[M]. 太原:山西人民出版社,2001.

[10] 康明训编. 中国共产党大同历史纪事[M]. 北京:中央文献出版社,2004.

[11] 中共运城市委党史研究室编. 中国共产党运城市历史纪事[M]. 北京:中共党史出版社,2010.

［12］山西省史志研究院编.贺昌文选［M］.北京:中央文献出版社,2005.

［13］《彭真传》编写组编.彭真传［M］.北京:中央文献出版社,2012.

［14］王庆华.高君宇传［M］.太原:山西人民出版社,1996.

［15］黄慕兰.黄慕兰自传［M］.北京:中国大百科全书出版社,2011.

［16］张二芳,等编著."传承红色文化 讲好山西故事"山西文化资源融入思政课教学典型案例［M］.太原:山西经济出版社,2019.

［17］中共山西省委宣传部,山西广播电视台联合摄制.六集文献纪录片火种［CD］太原:山西春秋电子音像出版社,2016.

感谢图片提供者

1. 山东省东营市广饶县《共产党宣言》陈列馆提供2幅（引言图、P151）

2. 山西博物院提供1幅（P35）

3. 《山西画报社》提供10幅（P6、P9、P27的2幅、P43、P93、P98、P107、P114-115跨页图、P136-137跨页图）

4. 王小毅提供13幅（目录图、P14-15跨页图、P23、P49、P55、P58的2幅、P65、P75、P79、P84、P125、P129）

5. 张瑞华提供1幅（P69）

6. 曹军提供1幅（P146-147跨页图）

图书在版编目（CIP）数据

火种传承：百年山西红色记忆/朱伊文著. —太原：山西经济出版社，2021.8
ISBN 978-7-5577-0927-3

Ⅰ.①火… Ⅱ.①朱… Ⅲ.①中国共产党—模范共产党员—先进事迹—山西 Ⅳ.①D263

中国版本图书馆 CIP 数据核字（2021）第 183859 号

火种传承：百年山西红色记忆
HUOZHONG CHUANCHENG BAINIAN SHANXI HONGSE JIYI

著　　者：	朱伊文
出 版 人：	张宝东
总　　监：	李慧平
策　　划：	吴志斌
出版创意：	陈彦玲
责任编辑：	李春梅
整体书装：	壹 971
出 版 者：	山西出版传媒集团·山西经济出版社
社　　址：	太原市建设南路 21 号
邮　　编：	030012
电　　话：	0351-4922133（市场部） 0351-4922085（总编室）
E-mail：	scb@sxjjcb.com（市场部） zbs@sxjjcb.com（总编室）
网　　址：	www.sxjjcb.com
经 销 者：	山西出版传媒集团·山西经济出版社
承 印 者：	山西出版传媒集团·山西人民印刷有限责任公司
开　　本：	787mm×1092mm　1/16
印　　张：	11.25
字　　数：	134 千字
版　　次：	2021 年 8 月　第 1 版
印　　次：	2021 年 8 月　第 1 次印刷
印　　数：	1—5000 册
书　　号：	ISBN 978-7-5577-0927-3
定　　价：	56.00 元